シドニー発、
"ハッピーリタイア"
女ひとり旅

―出会いが紡ぐ私の人生―

永田 朝子
NAGATA Asako

文芸社

まえがき

日本旅行作家協会事務局長　八重野　充弘

永田さんと知り合ってからもう15年になる。海外在住なので、メールを交わすことが年に数回あるが、直接顔を合わせるのは、たまたま帰国時に旅行作家協会の例会が開かれるときだから、数年に1度である。

それなのに、しょっちゅう会っているような印象があるのは、初対面のときに強いインパクトを受けたからだろうか。キラキラ輝く黒い瞳は、好奇心が旺盛な証拠。経歴を見ればチャレンジ精神の塊であることがわかるし、実際、全身からエネルギーがほとばしっているのを感じる。そう、彼女が中学生のころからあこがれた、当協会2代目の会長兼高かおるさんに通じる資質をもちあわせた女性なのだ。

だから、彼女が書く旅のエッセイが面白くないはずはない。ホームページにアップされた世界各地のさまざま場所の訪問記は、簡潔な文章で、わかりやすく歯切れよく、生き生きと綴られている。インスタグラムの写真もみんな魅力的だ。それらが、表現することの楽しさも教えてくれる。

文章を書く、写真を見てもらう、つまり、何らかの表現手段によって他者にメッセージをおくるとき、最も大事なのはテクニックではなく、発信者自身がまず楽しんでいるか、心を動かされているかどうかだ。想像するに、永田さんの場合はこの肝心なことを、経験を積みあげる中で学んできたというより、天性のものとしておもちなのだろう。それは、本書をお読みになれば、おのずとわかっていただけるはずだ。いま私たちは、久しぶりに一冊の本としてまとめられたものを手にしている。ぜひ、著者の気持ちに心を重ね合わせながら、楽しく読んでいただきたい。

ごあいさつ

　中学生の頃から海外にあこがれ、そのあこがれを実現できたこと
は、シドニー在住23年経った今でも〈しあわせ感〉で胸キュン状
態になります。

　それほどまでも海外にあこがれたのは「兼高かおる　世界の旅」
のテレビ番組の影響でした。現在のように海外情報番組が溢れてい
る時代ではありません。画面を通して初めて知る美しい外国の風景、
その国に住む人々とその生活等、この番組を私は毎週心待ちにし、
未知の世界への夢をかきたてました。品のよい丁寧な言葉遣いと優
雅な物腰で世界の国々を紹介する兼高かおるさんへのあこがれも
あったと思いますが。

　海外を身近に思える会社（商社）に就職し、社内結婚で夫の海外
赴任に伴い家族で〈マニラ暮らし〉を経験した私は、その後、公私
合わせて世界約60か国を旅行し、それが高じて「海外暮らし」。そ
れも55歳からの「女ひとりシドニー暮らし」と夢を実現しました。

　ナポレオン・ヒルの『思考は現実化する』という本がありますが、
人間思わないことは実現しないでしょう。想いが強ければこそ、熱
ければこそ実現できるのでしょうね。

　2020年、コロナ禍で見つけた新しい挑戦！　インスタグラムで
「日帰りプチ観光」を投稿‼　美しいシドニーを紹介し、またYou-
Tubeチャンネルを開設し、かつての世界旅行を動画で紹介してい
ます。

　シドニー暮らしも23年が経ち、やっと我が家のオープンテラス

からサンセットをゆっくり鑑賞でき、日々この雄大な自然の空、雲、風の素晴らしさを体感する幸せ！　そうだ、やっぱりシドニー!!

2023年6月　　　　　シドニーの自宅にて　永田　朝子

兼高かおるさんと「日本旅行作家協会」の総会にて

CONTENTS

旅で出会った世界のGuys!

（Guysとは、複数人からなる男性グループ、女性グループ、混合
グループへの二人称の呼びかけとして使う言葉です）

朝子流の旅

- 基本的に、旅行は一人旅が多いです。特徴は、現地の友人＆知人に前もってアポイントを取って出かけることです。

- 現地で暮らしている日本人の方に興味があり、インタビューするのがポイント!!

- 前著『朝子 in Sydney　南極大陸で迎えた還暦』の前書きで、藤本義一氏に、
  「ただ思い巡らせているだけでは駄目だと自分の足で歩く実感こそが真の人生を掴むことだと朝子さんは真摯に考えて行動しているのだ」と書いていただきました。
  私の旅の醍醐味は、現地に足を運びその国の空気に触れて「暮らしてみたら」を体験すること。

- 女ひとり旅バスツアーの醍醐味！
  ① 世界の方とお友達になれる。
  ② 世界の人々を通じ、日本人の考え方に拘らない「暮らし方、生き方、習慣」等が分かり大変勉強になります。
  ③ ホテルの部屋のシェアーを頼んでおけば24時間一緒で、その方を通じてその国の文化も分かり「生きた日常英会話」も習得できます。
  というわけで、オーストラリアの現地の「国内ツアー」にぜひ参加されたらいかがでしょうか、お薦めいたします！

世界遺産・南太平洋の宝石♪
LORD HOWE ISLAND

2005年12月31日～2006年1月5日

　輝く2006年をシドニーからAirでたった2時間のニューサウスウェールズ州（NSW州）が誇る世界遺産・南太平洋の宝石といわれるロード・ハウ島で迎えました。

　シドニーから約700キロ離れた南太平洋の絶海の孤島。メインアイランドの大きさは、わずか南北11キロ、東西2.8キロ、亜熱帯の森が島を包み南端にそびえる2つの山は島のシンボル。

　それぞれ標高約800メートルの高さがあり、さらに島の南19キロ沖には高さ550メートルのボールズピラミッドという一枚岩が海面にそそり立っています。エアーズ・ロックが348メートル、東京タワーが333メートルですので凄～く高い大岩というのが分かりますね！

　ロード・ハウ島群は、今から約700万年前の海底火山活動によって現在の姿になりました。険しい山や珊瑚礁などロード・ハウ島でしか見られない生物が多数生存していて、1982年にはユネスコの「世界自然遺産」に登録されています。

　島民の人口約350人に対して、ゲスト・ベッドの数が島全体で400床までに制限されている世界遺産のロード・ハウ島。なんでもリピーターが翌年の予約をして帰るそうです。納得!!

■**12月31日**　娘たちとシドニーより昼の12:20発、34人乗り（当日の乗客は27名）のプロペラ機ボーイング・ダッシュエイトで雲ひとつないコバルト・ブルーの透明な高い空！　ケンティア椰子が茂りトロピカルな雰囲気いっぱいのロード・ハウ島に午後2:00無

事到着。気分はルンルン♪

　その小さな空港で迎えてくれたのは6日間お世話になる「アールズアンカレッジ」のマネージャー・Mat Kingさん。3人を乗せ（娘たちと私）まずは宿泊先のロッジへ。

　空港からきれいに舗装され道路を車で約10分ほど走るとロッジに到着。

　ロケーションは島の中央部にあり、東にネッズビーチ（NSW Cleanest Beach Award 2004に選ばれている）、西のラグーンビーチの両方へアクセスしやすい便利な立地。トロピカルな雰囲気のロッジはゆったりとした贅沢空間にセンスと機能性を兼ね備えた内装が施されていました。

「アールズアンカレッジ」自然の光をふんだんに取り入れつつも、ケンティア椰子、バナナの木、そしてパパイアの木に囲まれ、周囲

ラグーンビーチ

の自然と一体となっていてとても気に入りました。ロッジには鍵が
ありません。従ってチェックインの時にルームキーを預かることも
ありません。（泥棒がいない！　島の治安は抜群！）早速、水着に
着替え地図（？）をみながら10分も散歩をするとそこはネッズ
ビーチ、さすが、「NSW Cleanest Beach Award 2004」に選ばれて
いるだけあって透明度抜群！　美しい！

　夕方、ビーチで魚やパンなどの残飯を撒く「魚の餌付け」があり
ますが、私たちも、持ってきたパンをやると、なんと！1メートル
もある20キロ近いヒラマサや10キロ近くはあるシマアジ、そして
ピンクの縞模様のトロピカルなParrot Fish（パロットフィッシュ
といってブダイとかベラの仲間）が足元までいっぱい来るのには驚
かされます。すご〜い!!　でも気をつけないと友人は魚に噛まれて
歯形が付いたそうです。

　この島が世界的に希な魚の宝庫となっている理由は、そこにそび
え立つ2つの山に太平洋の黒潮（暖流）とニュージーランドからの
親潮（寒流）がこの海域でぶつかりあっているからだそうです。

　私たちは夕方までシュノーケリングや波と共に魚と遊び、"何も
しない贅沢さ"を味わい、リラックス♪　リラックス♪

　大晦日の夕食はマットさんに車で送ってもらって「カペラロッ
ジ」のレストランへ。カペラ・ロッジのレストランからのゴウァー
山（標高875メートル）、リッジバード山（777メートル）の雄姿が
ラグーン越しに迫る景観は素晴らしい！　またこのバルコニー目前
のラグーン・ビーチの水平線に2005年最後の大きな真っ赤な夕日

が沈む様子は最も美しくとても印象的な風景でした。

■2006年1月1日　まずは天気の良い日から私たちが選んだ「アクティビティ・スケジュール♪」は、1日午後2:30。珊瑚礁を観察する「グラスボトム・ボートツアー」に参加。「アールズアンカレッジ」の裏道からマットさんに教えてもらった誰も知らない？ジャングルを通ってラグーン・ビーチに出られる。小さな15人乗りのボートの底中央がガラス張りになっている。このラグーン世界最南端の珊瑚礁でカラフルなサンゴと魚がいっぱい見え、ガイドが捕ってきたウニの殻を破ってボートの下に付けると、寄ってくるわ寄ってくるわ、たくさんの魚が集まりました。ハイライトはなんと言ってもすばしっこく泳いでる小さなサメや大きなエイが海底にへばり付いているのを何回か見たこと。皆で「ワ〜!!」と感嘆の声を上げました。

　ディナーは再びカペラロッジへ。12月31日、1月1日はスペシャル・メニュー・コースでした。ほろ酔い気分の帰りはレストランで

ジャングルの散歩道

働いている女性が車で我々のロッジまで送ってくれました。シドニーに住んでいるが夏の間だけアルバイトをしているとか。

■**1月2日**　午前中、マットさんがご推薦で案内してくれたのは「The Clear Place」、往復2時間のハイキング・コース。ジャングルを通ってはるか彼方には（南へ23キロの地点）微かに浮かぶポールズピラミッドが見える。

　午後2:00からはノース・ビーチ（NORTH BEACH）へのクルージング。島の最北端にあるノース・ビーチへはラグーンビーチからボートで20分。エライザ山（標高147メートル）の中腹までのハイキング・コースを歩くと、そこからのエメラルドグリーンのラグーン越しに見るゴヴァー山、リッジバード山の雄姿は壮観！

　ハイキングの後はノース・ベイにてシュノーケリング♪　トロピカルなカラフル・フィッシュ、いわゆる「Ken Done Fish」がいるいる！　黄色の縞模様のBlue Banded Angelfish、そしてピンクの縞模様のパロットフィッシュ等。

　夕食はMilky Way（B&B）のレストランBeach House on the Moon。生牡蠣、カラマリ＆フィッシュ・アンド・チップスとオージー・メニューでした。

■**1月3日**　今日もマットさんの案内で彼の友人でメルボルンから遊びに来たというアンドリューさんも一緒にBlinkey Beachへ♪

　このブリンキービーチは島の西側、空港の反対側にありサーフィ

ンのビーチで有名だとか、マットさんはサーフィンをして我々は波
乗り。この波乗りは面白かった！　波の吸引力は凄い！　日本で買っ
てきた大事な水中メガネはあっという間に波にさらわれてしまった！
　　夕食はアールズアンカレッジと同じANDERSON RDのイタリア
ン・レストラン「PANDANUS」。日焼けした身体によく染みる。
白ワイン♪　料理もピザ、スパゲティ、アスパラ、グリーン・サラ
ダ。☆3つっ！

　■1月4日　楽しみにしていたボールズ・ピラミッドは、毎日ピラ
ミッド、ピラミッドとお伺いを立てていたが、波が高くて結局船が
出ず残念ながら行けなかった。残念‼　NEDS BEACHの帰り道、
傍の小路を通り抜けるとMALABAR山（209メートル）が目の前
に広がる。案内してもらいながら少し登るとそこは一面にアジサシ
（Sooty Tern）のコロニー。白に頭と羽が黒の鳥。思わず昨年、南
極大陸で見たペンギンのコロニーを思い出しました。

　　散歩がてら帰る途中、お寿司を売っているというロッジ近くの
「FISH'N FILLET」のお店に寄ってみました。なんとご主人のデ
ビッドさんはボールズ・ピラミッドの船のパイロット兼オーナー
だったのです。"ロッジに泊まっている日本女性3人"が毎日リク
エストしていた、ということを知っていて「ピラミッドに行けなく
て残念でした。ごめんなさい」と。
　　そして日本から取材班が来て、日本のテレビで2005年1月に放映
された「旅サラダ」のDVDを貸してくださった。そこには素晴ら
しい大自然のロード・ハウ島が案内されており、もちろん、船から
見た世界で一番背の高い岩・ボールズピラミッドが映っていたので
した。「にぎり」の作り方を教えてほしいと言われて、次回訪問の

約束（？）をしStriped jack（シマアジ）の刺身を作ってもらい早速ロッジでビールと共にいただきました。テレビの"ピラミッド"を見ながら。

　島最後の夕食は、再度気に入ったイタリアン・レストラン「PAN-DANUS」。マットさん＆アンドリューさん、お世話になりました。ありがとう♪　みんなで「乾杯！」「Toast！」

■**1月5日**　午後のAirでこの"魅惑の島"ともお別れ。郵便局前の「Humpty Micks」というコーヒー・ショップ。この店の裏庭で世界中で唯一、この島でしか生息しないというウッドヘンも見ることができました。大変貴重な鳥だそうです。

　最後のランチを食べ、マットさんがピックアップしてくれるのを待つ。たくさんの本を抱えてしばらく過ごしてみたい♪　この大自然の隠れ家で散歩したり。時々目前の美しい海の中へ身を任せたり。思い巡らしながら♪　カプチーノを飲むひと時でした。

　満喫した素晴らしい大自然の島での陸・空・海・珊瑚の世界で、トロピカルな魚と一緒に泳いだり、散歩やハイキング等の6日間を過ごし、夕方には娘たちと共に生活地・シドニーに戻ってきました。早速「朝子の部屋」はトロピカルな植木や花に模様替え。しばらく気分はロード・ハウ島〜♪

藤本義一＆統紀子さんと
スイス・イタリア旅行14日間♪

2006年6月12日〜 6月25日

　藤本義一氏と統紀子夫人が2003年のニューカレドニア旅行に次いで素敵なスイス・イタリア旅行をアレンジしてくださいました。ヨーロッパは1998年以来の8年ぶり！　ワクワク・ドキドキの旅♪

　スイスのサースフェーはダイナミックなスイスアルプスの絶景が迎えてくれるリゾート地。アラリンホルン、アルプフーベル、ドムなどの4000メートル級の白い連山と氷河に取り囲まれさすが "アルプスの真珠" ♪

　またイタリアの花の都、フェレンツェは、トスカーナの都・ノスタルジックなとても美しい街♪　丘の上にある元修道院のホテル「VILLA SAN MICHELE」からの眺めはまさに芸術！　魅了する。さすがフェレンツェです♪　ファッションも見逃せません。感動は倍増！　の旅でした。

　今回のスケジュールは「関空→パリ→ジュネーブ→ベルン→サースフェー→ミラノ→フェレンツェ→ミラノ→パリ→関空」。エールフランス航空で関空をPM12：00に飛び立ち空路パリへ!!

■**6月12日**　ジュネーブ到着、約14時間の空の旅。その後、ベルン到着。
　ベルンは、チューリヒ、ジュネーヴ＆バーゼルに次ぐ4番目の規模の都市、1848年にスイスの首都となる。アーレ川沿いに位置し、1983年にベルン旧市街がユネスコの世界遺産（文化遺産）として登録されました。

■6月13日　ベルン市内観光

　Bellevue Palace にやっと落ち着く。ホテルのテラスからのアーレ川。バラ園横の大きな楓の樹の下、レストラン「ローズガーデン」にてランチ♪　藤本ご夫妻の友人ベルン在住のジェニー　ミチコさんもご一緒です。

■6月14日　WASABI&ベルン市内観光

　ランチはミチコさんの経営する寿司店「WASABI」で Take out をしてホテルのお部屋で宴会！　このWASABIのお店の看板は藤本義一氏が描かれたそうです！　ミチコさん自身が炊かれたお米は大変美味しかったです！

■6月15日　ベルンからプリエンツ経由でサースフェーへ

　サースフェー氷河村はアルプスでは唯一の一般道に直接リンクしているカーフリーリゾートです。家族経営のホテルや山小屋風宿泊施設がこの村のアットホームな雰囲気を作っています。

■6月17日　アラリン山にて

　スイス、3500メートルのアラリン山にて藤本義一氏＆統紀子さんと全員で記念写真です！　サースフェーからロープウェーとケーブルカーでミッテル・アラリン展望台に到着へ!!

■6月19日　イタリア最大のゴシック建築「Duomo」見学

　ガラスのドームが美しい19世紀半ばに建てられたアーケード。圧巻!!

　ブティック、レストラン、カフェが立ち並ぶミラノ!!　センスの良いお店で赤いバッグを購入しました。義一氏に「Asakoらしい」

アラリン山上3500mにて

と褒められました！

■6月20日　花の都憧れのフェレンツェへ！

　アルノ川にかかるヴェッキオ橋　ウフィツィ美術館。アルノ川越しに見える「Duomo」。"サンタ・マリア・デル・フィオーレ大聖堂"14世紀の建造、高さ106メートルのドーム。芸術の都フェレンツェ!!

■6月21日　フェレンツェ・ドゥオーモミケランジェロ広場から眺める「Duomo」。絵になりますね。修道院のホテル「VILLA SAN MICHELE」「ベルモンド ヴィラ サン ミケーレ」丘の上にあるエレガントなホテルでのディナーは最高!!

■6月23日　ラッキー!!　4:45〜5:05までの予約が取れました!! 帰国前にレオナルド・ダ・ビンチの「最後の晩餐」観賞!!

　ミラノのサンタ・マリア・デッレ・グラツィエ教会内の壁画「最後の晩餐」は、映画「ダ・ヴィンチ・コード」の影響（2006年5月

ミケランジェロ広場から眺める「Duomo」

19日公開）で毎日何百人もの人が一目見ようと足を運んでいます。
完全予約制で15分ごとに最大30人しか鑑賞できないシステムと
なっています。15分という時間は、この作品を味わうにはあまり
にも短いですね。

■6月24日　さようなら、パリから一路関空へ……

　藤本義一氏と統紀子夫人、そして同行の皆さんのお陰で本当に
"愉しい旅"でした♪　久しぶりのヨーロッパ！　スイス＆イタリ
ア旅行は刺激になり歴史があり文化がある国は心豊かになりますね。
旅先で、あら‼　気がつくとスケッチブックに旅の風景を描かれて
いる‼　フランスで購入したという絵の具セットとか‼「旅は絵ご

ころ」幼年期、画家に憧れたという藤本義一氏。

　今回の旅もスケジュール及び食事時のメニュー、ワイン選び、デザートまですべて統紀子さんのエスコートのお陰でとても楽しい旅ができました♪　いつもながらの私たちへの気遣い、心遣いには頭が下がります。ありがとうございました♪　またぜひ！　愉しい企画をお願いいたします。

　帰国してまもなく再びニューヨークに飛び立たれた、ジョン・ロバート・パワーズスクールの校長先生・藤本統紀子さん。そのパワーはどこから沸いてくるのでしょう♪

ヌクンバティ・アイランドリゾート
Nukubati Island Resort 10日間のひとり旅

2006年12月30日～2007年1月8日

■12月30日　シドニー発フィジーへ

　夕方の6:45、南国特有の少しム～とした湿気を帯びた空気が身体を覆うナンディに着く。4時間の空の旅、シドニーとの時差は1時間。やはり南太平洋の真ん中が心地よい。椰子の木のざわざわと揺れる音と爽やかな微風のそばで思いっきり太陽の光を浴びたい！2007年を迎えるに当たって私が選んだ心地よい場所はFijiのヌクンバティ・アイランドリゾート！

　フィジーのナンディ空港から車で約5分のTanoa Internationalホテルで一泊後12月31日の早朝7:00発の20人乗り国内航空便DQFEY（SUN AIR）で、フィジー諸島2番目に大きいバヌアレブ島のランバサ（Labasa）空港へ飛ぶ。出発前のカウンターでは荷物と一緒に身体の体重も量るのにはびっくり！　1時間のフライト後無事到着するとすでにオデムカエの車が私たちを待っていた。陸路1時間のドライブで広大なサトウキビ畑や密林の1本道を走り抜けるとヌクンバティ桟橋に到着。紺碧の空！　青い海の向こう岸にはヌクンバティ島が見える。離島にあるのがリゾート気分をさらに高めます。

ヌクンバティ・アイランドリゾートの浜辺

「オーナーとスタッフ」のお出迎え♪

　ここでさらに小型ボートに乗り換えて5分。気分はワクワク・リゾ～ト！

　こんにちは！Bula！　オーナーのジェニーさんとフィジー・スタッフの明るい笑顔とギターのメロディーに迎えられる♪　お～、いい雰囲気。自然の中で思いのままに過ごす休日の始まりです！

　ヌクンバティ・アイランドリゾートは大自然が残るとても小さなサンゴ礁の島。35エーカーで東京ドームの約3倍の広さです。客室は7部屋に最大ゲスト数は14名。スタッフは総勢40人のアットホームな雰囲気のプチリゾートです。アクティビティも飲み物もお食事も、アナタのお好きな時間にご自由に「アナタの好きなようにお過ごしください」ゲストさまが主役です。ご心配なく。アルコールを含む飲食費はすべて宿泊費に含まれています。年間稼働率は70％以上ありますが、7部屋以上は客室数を増やさないそうです。

　この隠れ家リゾートは、今から16年前に、オーストラリア人実業家のピーター＆ジェニーさんご夫妻がこの島にリゾートを建設することを決断されました。「電気や水道のない所にリゾートを建設するなんてクレージー！　でも開業してもう16年経ったわ、Asako-sanもシドニーで暮らすという夢を実現したじゃない、それと一緒よ」と。想いが強ければ「Nothing is impossible」やればできる!!　ですね♪

　開放的なコロニアル調のパピリオンのそば、その案内されたブレ「朝子の部屋」は目前がもう広い海の素晴らしい眺めの浜辺。ビー

チには周りの高くそびえる椰子の木にマッチした各ブレ専用の赤の
パラソルと椅子が置かれている。

■**2006年NEW YEAR Eve！**　夕方からはインド・サリーのコス
チュームを着てお祭り気分も盛り上がる。"マヒマヒ"というフィ
ジーの伝統建築様式が随所に見られるパビリオンにインド・サリー
の布が掛けられNEW YEAR Eveのテーブルもセットされた。

　ディナー後はゲストを迎えるための「カバの儀式」。カバとは胡
椒科のヤンゴナの木のこと。乾燥させた木の根を煎じてその汁を飲
むが、舌先が少しピリッと痺れる。

■**2007年1月1日**を迎えると満月の空に高く花火が上げられ隣や
周りの人と外国ではよく見かける「ハグとキス」で新しい年を祝う。
その後は我々ゲストも一緒になってパウダーを掛け合いながら、ま
だまだダンスは続き新年を祝います。パウダーを掛けたり水を浴び
せたり所変われば本当に面白い新年の慣わしがあるものですね。新
年のパウダーシャワー。

■**1月2日　「サンドバンク」へピクニック**
　一日数時間しか現れない砂浜！　今日はサンドバンクへピクニッ
クです♪　滞在中のMyシュノーケルを選び、シャンペン、サンド
イッチ等が用意されたボックスと共にいざ出発！　南国の心地よい
陽射しを身体いっぱいに受け白いしぶきをあげながら船は30分ほ
ど沖に走る。その、干潮時だけ顔をだすという砂浜は、昨年日本か
らテレビ局の取材が来て「世界の絶景100選」のトップになったそ
うです。

■1月3日　小高い丘を散策

　小高い丘に続く小路を歩きながら案内役のサロテさんは樹木や葉をひとつずつ、説明してくれる。ノニの木、捻挫の時に効く葉、歯を磨く木、糖尿病に効く葉、タバコを巻く葉、毛染めに使う木、レモンティ使用、下痢止め、風邪に効く、産後にはコレが効く。とまぁ、20余りの薬草や樹木等の説明を聴きながらの散歩です。

■1月4日　釣りのベテラン・船長アランの操縦で今日は朝の10時

から沖へ釣り三昧としゃれこんだ。小船での釣りの経験は30年前の"マニラ暮らし"の時にありますが、本格的な船に乗り魚を釣ったのは生まれて初めて!!　フエダイ（emperor fish）が釣れた!!　エクサイティング!!

■1月5日　午前中が雨模様のため、「村訪問」は明日に回し、今

日は先祖伝来のフィジー工芸を披露してもらう。器用に椰子の葉を編んでバッグ、うちわ、ホウキ、小物の作品を作ってくれました。フィジー工芸の披露!!

■1月6日　私の誕生日♪　朝食の席に着いたとたん、Happy

Birthday to you♪　のコーラスと共にケーキを持った「ヌクンバティアイランド・ファミリー」が私の前へ！naka！（ありがとう！）今年も愉しいことがたくさんありそうな気がする!!

　皆さんから心温まるお祝いをしていただいた後は、フィジアンの"暮らしウォッチング・デー"です。近郊のニゥルア・ヴィレッジ（Niurua）の訪問へ出かけます。カバの木の根っこと魚一匹のお土産が用意され、サロテさんとスタッフのフィジー女性ライジエリ

誕生日♪

（Raijieli）さんと3人でいざ出発！　桟橋からさらに車に乗り約40分で到着。早速村の集会場で「カバの儀式」やランチのサンドイッチもいただき、子どもたちとも一緒にパチリ！　デジカメで写った自分の顔に興味を持って囲まれました。ヌクンバティのフィジーの人たちもニュルア・ヴィレッジの村人も、首都スバやナンディなどの都会は見たことはありません。とにかく村からは出たことはないのです。素朴な村人たちとの心の触れ合いは貴重な体験になりました。

■1月7日　AM8：30、ジェニーさんとスタッフの方に「イサレイ」という美しいハーモニーのフェアウェルソング♪で見送られ、贅沢な時間を過ごしたリゾートアイランドを後にしました。ありがとう！

　Ni sa moce！（ニーサ モゼ さようなら！）

　リゾート地には「ひとり旅はタブー」との思い込みは完全に消え

ました。

　ひとり旅だからこそ！　の新たな愉しみ、発見、挑戦を“ヌクンバティ・アイランドリゾート”は提供してくれました。青いサンゴ礁！　白い砂浜！　満天の星空、手つかずの大自然！　それに加えて何よりのオーナーのジェニーさん＆スタッフの家庭的で心を込めた温かいサービスがとても心に残る休日でした。そしてアメリカからと同郷シドニーからのゲストのみなさんとも“愉しいひと時”を共に過ごさせていただいたことに感謝！　感謝！　あたらしい年に乾杯♪

シドニー発「海外ぐらし」行き♪
第1弾！ ペナン編

2007年7月17日〜7月23日

　シドニー発"世界のロングステイヤーを訪ねる"シリーズ！　ペナン、クアラルンプール＆チェンマイの26日間の取材旅行です。まずは第1弾！　ペナン編から!!

■**7月17日**　21:20シドニー発、ブリスベンを経由してクアラルンプールで乗り継ぎ、13時間50分の空の旅を経て7月18日午前10:30、まずは東洋の真珠といわれる「ペナン」に到着しました。今年はマレーシア独立50周年！「Celebrating 50Years of Nationhood」のポスターが目に付きます。空港からタクシーで約30分のドライブ。初めて訪れる街は心が躍る。道路に沿って両側は30年前の"マニラ暮らし"を思い出させる椰子の木々が茂り、やがてオフィス街の一角、今回お世話になる「倶楽部 海外ぐらし」のガーニーパーク・コンドミニアムに到着です。

　フロントで待っていただいていた、スタッフ・テイ（The）さんに案内していただいた部屋は27階。その7号室の窓からは目前にマラッカ海峡が広がり、遥か彼方にはペナン島とマレー半島を結ぶ12キロに及ぶペナン大橋が見える抜群のロケーションです。同マンション33階の「倶楽部 海外ぐらし」のサロンにて、早速オリエンテーションを受けました。その後、施設隣のガーニー・プラザというペナン最大級のショッピング・センター内のスーパーマーケットや両替店等を案内してくださり、5日間のペナン・ライフのスタートです。

■**7月19日**　午前中に、トロピカル リゾート ライフスタイル（株）の社長、石原彰太郎さんを訪問。事前に紹介していただいていた高槻市出身のペナン滞在3年の大橋績さん（65歳）を訪ねまし

た。日本が温暖な気候の5月&10月は一時帰国されるという「渡り鳥・ロングステイ」を快適に過ごされています。

■**7月20日**　午後からの初めてのヨガ体験！「ナマステ、こんにちは！」インド系マレーシア人のナレン先生。

　夕方からはマレーシア初の高原避暑地であった830メートルのペナン・ヒルへ。ケーブルカーでは、クエートから夏休みで子ども連れの観光客が多く、「どこから来たか」と親しそうに話しかけてくれる。山上のBellevue The Penang Hill Hotelのレストランでは、名物スチームボートで舌鼓。この丘からはペナン島が一望!!　夜景もとても綺麗なペナン・ヒルでした。

■**7月21日**　朝はペシャラン・ガーニー通りを散歩。海岸沿いのSea food Restaurantで、ロングステイの10人の方との〈朝食会〉に飛び入り参加させていただきました。年中温暖な気候と軽やかな

ペシャラン・ガーニー通り

カジュアル・ウェアは人をリラックスさせるのですね！"爽やかな朝のひと時"、笑顔が絶えない皆さんの満足なロングステイの様子が窺えました。

　午後はヨガで知り合った同じ関西出身のロングステイの東郷敏夫＆さゆみさんご夫妻と、やはりロングステイの沢田さん＆会社経営の李さんたちとペナン・ライフの様子を聞きながらのランチ・タイム。やはり気候や治安の良さでペナンを選ばれたそうです。

　夕方からは、エスプラネードのコタラマ公園で開催の今年で11回目となる「ペナン盆踊り大会（ペナン日馬合同チャリティー盆踊り）」を見学。白亜のコロニアル様式の旧市役所前には、大きな矢倉が設置され提灯が飾られ踊りと音楽で賑やかなこと！　参加者や見学者に若い地元の方が多いのにはびっくりです。

■**7月22日**　日曜の早朝、大橋さんはボタニック・ガーデンでの散歩が日課とか、そこで早速22日のまだ夜明け前のAM6：30、タクシーで10分のボタニック・ガーデン（植物園）を案内していただきました。

　30ヘクタールの広大な敷地に美しい熱帯植物が植えられており、ペナン・ヒルからの滝も流れていて別称Waterfall gardenといわれるそうです。周りが明るくなるにつれ、集まるわ集まるわチャイニーズ、マレーシア人、インド人のウォーキングの人々！「健康のために歩く！」は今や世界共通ですね。帰りはタクシーを途中下車してローカル・マーケットへ。バナナなどのフルーツを買いトースト＆卵を食べて5RMマレーシア・リンギット（約160円）でし

屋台での朝食

た! 歩いてみて、おかげさまでローカルの街の様子がよくわかり
ました。

　午後は同コンドミニアム16階にお住まいの加藤英紀さん（63歳）
&伸代さん（58歳）ご夫婦を訪問。大手商社に入社後、フィリピ
ン駐在16年間、サウジアラビアとクウェートに各2年半と永年の海
外勤務&暮らしのエキスパート‼「年金難民」「経済難民」のロン
グステイ談義では、「生活には個人差があり、ローカルの人たちと
同じ暮らしをすれば、年金でやりくりができるかもしれません。そ
れでは、“海外暮らしを楽しむ”ということにはなりません。
『LIVE』と『LIFE』の差です。生きるだけなら、ペナンの野良犬、
野良ネコでも生きております。『生活』とは、上を見ればきりがな
いし、下を見てもきりがありません。つまり自分たちの生活基準を
どこにおくかだと思います。自分たちの生活基準で必要な経費が決
まるわけです」。

そうですね〜納得!!　セキュリティーがしっかりした住居を確保し、安全を求め、健康的な食生活をしたら当然年金だけでは厳しいでしょうね。

　日本人が海外で暮らすということは「お邪魔しますという謙虚な気持ち」が大事とおっしゃる。また海外生活の長い加藤さんがペナン暮らしを選ばれた理由は、①政情安定　②治安が良い　③文化・文明がある。ということですが、何よりも奥様がペナンを気に入られたそうです。

　夜は大橋さんもご一緒に、加藤さんお薦めの地元のニョニャ料理店ホット・ウォク（Hot Wok）に案内していただきました。壁には昔のペナンの写真や絵画が掲げられており、アンティークに囲まれたニョニャハウス風の店内は落ち着いた雰囲気。ニョニャとは中国系とマレー系のミックスの女性のことを言うそうです。そのニョニャの人たちの料理がニョニャ料理で、マレーと中華のミックスの中華風メニューで、ココナッツミルクとチリがたっぷり入って、味は少し濃いめですがコクがあり大変美味しかったです。

　食後も場所を変えて今度はコンドミニアム隣のGホテルにてワインで、再度乾杯♪　フィリピンで危機一髪の体験をされた加藤さん。共通の「マニラぐらし」等の話題で愉しい会話は真夜中まで続きました！

　大変お世話になりました。あっという間のロングステイヤーの方々との愉しい出会いのペナン5日間でした♪

シドニー発「海外ぐらし」行き♪
第2弾！ クアラルンプール編

2007年7月23日〜 8月5日

ペトロナス・ツイン・タワー

■**7月23日** 14年ぶりのマレーシアです。当時工事中だった「ペトロナス・ツイン・タワー」（高さ452メートル、88階建てのツイン・タワー）も、今はクアラルンプールの経済発展のシンボルとなり、街と上手く調和してそびえ立っています。クアラルンプール国際空港から北へ70キロ、North-South高速道路をタクシーで45分。やがて2週間お世話になる「アムコープ・コンドミニアム」に到着です。

　フロントで待っていただいていた、「倶楽部 海外ぐらし」のスタッフの爽やか青年！　石山昭人さん。彼の案内でまずは26階のお部屋へ。天井の高い90㎡の2ベッドルームで、大きな窓からは、遙かかなたにツイン・タワーが見えて最高の眺めです。ロケーションはクアラルンプールの中心部から電車で20分の駅前。ショッピングセンターが隣接していて各種レストランやスーパーマーケットもあり、また、石山さん勤務「倶楽部 海外ぐらし」のサロンも同ユニット内の10階にあるので大変便利です。

クアラルンプール（KL）到着日は、ヘイズ（インドネシア・スマトラ島での野焼きによる煙害）到来で、空の色は少し霞がかかったようになっている。雨季の今は夕方から夜はスコールがよくあるとか。当日は、在住35年「KKPコーティング」社長の真木保博氏＆真理さんご夫妻と福岡から訪問中のお友だち・松本さんもご一緒にプドゥ通り沿いにある「田園Farm Land」というお店に案内していただきました。

■**7月24日**　午前10:00から石山さんのオリエンテーションはペナン同様、今度はKLの歴史、街の様子や生活環境について詳しく聞きました。両替店＆郵便局等も案内していただき、いよいよ2週間のロングステイのスタート！　です。

■**7月25日**　クアラルンプール・シティ・センター（KLCC）内にあるペトロナス・ツイン・タワーは、41階にあるスカイ・ブリッジで繋がっています。8:30AMから5:00PMまでは一般に公開されているので、ペトロナス・ツイン・タワーと、併設される巨大ショッピングモールのスリアKLCCの観光へ出かけました。

■**7月26日**　お薦めスポット「トレーダズ・ホテル・クアラルンプール」！　カジュアルなバイキングスタイル「ダイニン」。また、屋上のスカイバーからの真正面にそびえる迫力満点のペトロナス・ツイン・タワーは、その素晴らしい夜景をバックに、ぜひあなたもマルガリータを片手にクアラルンプールの夜を堪能されたらいかがでしょう♪

■**7月28日**　カルコサ・スリ・ネガラを訪問しました。

■**7月29日**　セントラル駅からバスでCITY　TOUR（hop-on hop-off）のバスに乗りKLの街を観光です。シニア・プライス（55歳以上）は半額の17RM（約600円）約1時間半。バスには日本語のイヤホンも付いていて説明も聴けます。

　夜は紹介いただいていた『ご褒美人生マレーシア』の著者・阪本恭彦＆洋子さんご夫妻主催の「日曜ロイヤル会」に参加しました。場所は最も由緒あるゴルフ場のロイヤル・セランゴール・ゴルフ・クラブ‼　阪本さんご夫妻は、定年後の人生を20年と考えると、現役の時の200年分に相当する自由時間がある。「"散歩、新聞、テレビマン"だけでは、なんとも情けない第二の人生だ」とおっしゃる。阪本さんの著書の中で特に私が気に入った言葉は、「セカンド・ライフには心の高ぶりが大切」というくだり。そう！　心の高ぶりです。ドキドキしたり（救急車のお世話になることではありませんよ、念のため）、ワクワクすることは"生き生き人生"にとって、とても大切ですね♪

■**7月30日**　タマンジャヤのアムコープ・コンドミニアムから車で10分、お約束の午前10：00に待ち合わせのペタリンジャヤ（セランゴール州）の日本人専用老人ホーム「ナースロッジ日本」（Nurse lodge Nippon）で阪本さんご夫妻とお会いしました。今年5月1日にオープンされたこの日本人専用老人ホーム＋ロングステイ・ロッジの経営者は、現在ペタリンジャヤで3つの介護施設を経営しているマレーシア人の内科医の先生ご夫妻。日本人専用老人ホームの開設を構想していた阪本さんとのご縁でロッジ開館にいたったそうです。

■**7月31日** ご紹介いただいた岡一之さん。『岡一之の半生記：わが人生の凍土渇土』の本の著者です。「本」には満州での終戦とイラン革命の生と死が隣り合う修羅場の体験が綴られています。絶望よりも凄まじい"体験"をされており、本の帯にも「こんな悲しい物語があっていいのだろうか」と書かれています。

 レダン島♪ KLからの2泊3日のバカンス旅行！ ベルジャヤ・レダン・ビーチリゾート♪ 「灼熱の太陽、青い空、ハイビスカスとブーゲンビリアが咲き乱れ、爽やかなそよ風、側にはビール！」を求め、2週間のKL滞在中にレダン島へ飛びました!!「マレーシア一番の美しい海」と称される海に浮かぶレダン島。マレー半島の東海岸沖にある小さな島です。

■**8月1日** 早朝6：30、アムコープ・コンドミニアムのフロントを出発して、タクシーで25キロのベルジャヤ航空が発着しているスバン空港へ。50人定員のプロペラ機、J8 788便で1時間10分の空の旅。無事クアラトレンガヌ（レダン）空港に着きました。「ベルジャヤ・レダン・ビーチリゾート 2泊3日のセット旅行」、予約した部屋は希望通りの目前がビーチ！ 透明感のある海。マレー伝統建築のシャレータイプの客室は、周囲の自然によく調和して落ち着いた佇まいです。この旅行には、朝・夕食、そしてシュノーケリング・ツアーがセットになっています。クルーザーに乗ってレダン島の周りを回り、4か所の美しいポイントでシュノーケリングをします。海の世界はカラフルな魚でいっぱい!! ビーチも遠浅で白の砂。

 KLのスバン空港から偶然一緒だったシンガポール在住の林さんご家族とシンガポールやシドニーのそれぞれのお国事情や世界のリ

シュノーケルで海を散歩

ゾート地の話に花が咲き、お互い大好きなビールで乾杯！　となりました。レダン島のベストシーズンは、3月から10月の間だそうでちょうど良い機会でした。楽しい出会いもあり、贅沢なゆっくり流れる時を過ごした2泊3日でした。

■8月4日　マレーシアは世界の味が楽しめる"グルメ天国"。滞在中は案内していただいた「海鮮飯店」での水槽から取り出した大きなシャコやサンバル・ソースの味も美味しかったです。また、真木さんがオーナーのCrystal Crown Hotel内の炭火焼＆和食のお店「珊瑚」で、日本の味・串焼きも堪能しました。

　シドニーを飛び立つ前に本場の「肉骨茶」（バクテBAKUTEH）を食べてくるようにといわれ、地元で有名な「Grandpa」阿公を案内していただきました。福建語で肉骨茶と書くので、お茶と間違えそうですが、骨付きの豚肉を中国の薬草やスパイスで煮込んだスープ仕立ての料理です。

今日のディナーはペルシアラン通りの日本大使館前にあるコロニアル調の外観のインド料理「ボンベイ・パレス」にて。インテリアはムガール王朝風、高級感が漂う雰囲気。北インドの料理が中心でアメリカなど世界各国に店舗があり、2001年と2002年にマレーシアのベスト・レストランの金賞に輝いたお店です。

■8月5日　いよいよKLの最後の日。私のリクエストに応えて案内していただいたのはKTMミッドバレー駅の近くにあるKL日本人会館。この日本人会では日舞、琴、和太鼓、社交ダンス、英語、マレー語、囲碁、将棋、ブリッジ、エアロビクス等、60近いサークルがあり、物価が安いためいくらでも新しい趣味や活動ができるとのことです。広い館内を見学後、日本食堂「日馬和理」で昼食。

　その後、国内最大のショッピングセンターのミッドバレー・メガモールへ。ジャスコ、フランスのスーパー「カルフール」、地元のデパート、映画館などが入り、ジャスコの食品売り場もまるで日本にいるようです。日本の製品、食品も日本のスーパーと変わらないぐらいの品揃えで、美しく並べられた生鮮食料品から持ち帰り用の握りずしまで、手に入らないものはないぐらい。クアラルンプールは「スリアKLCC」をはじめ、大型ショッピング天国ですね！　マレーシアの物価の安さには驚きます。日本やシドニーの3分の1以下でしょう。

　チェンマイ出発前日の夕食はナイト・マーケット近くの外国人で賑わうバングサ・バルの「富友」（チャイニーズ・レストラン）に案内していただきました。

とても身近に感じたマレーシア。真木さんご夫妻、石山さんご夫妻やロングステイのお友だちにエスコートをしていただき、おかげさまでクアラルンプールも愉しく充実した2週間のロングステイでした。ありがとうございました。

シドニー発「海外ぐらし」行き♪
第3弾! タイ・チェンマイ編

2007年8月6日〜8月11日

■**8月6日** 午前8:50クアラルンプール発、10:40チェンマイ着（KLとの時差は1時間）。今回最後の訪問地・第3弾！ のチェンマイに無事到着しました。

　16年ぶりのタイ訪問です。1887年に日タイ修好宣言が調印されてから120年ということで、2007年は「日タイ修好120周年！」、芸術と緑の都「北方のバラ」の異名をもつチェンマイ。タイの首都バンコクから北に700キロ、海抜310メートルにある盆地に位置します。昨年10月にオープンしたチェンマイ国際空港の新ターミナルから外に出ると、ム〜とした久しぶりに日本の夏を思い出すような蒸し暑い空気が身体を包みます。

　タクシーで15分の「倶楽部 海外ぐらし」の設備のある日本人ロングステイヤーに人気のコンドミニアム「ヒルサイドプラザ＆コンドテル4」へ！　道路の両脇はインテリア・イエローフラワーの木々に黄色の花が咲き、街は黄色一色！　そういえば今日は月曜日です。タイでは曜日に色が付いていて、黄色は月曜日の色。プーミポン国王は月曜日のお生まれです。建国以来王制をとり、タイ国民の95％が仏教信者の国民は、黄色のシャツを国王に"敬愛と親しみ"を持って着ています。

　出迎えていただいたスタッフ・メムさんの案内で13階の部屋へ。90㎡の広さの「15号室」のベランダからは穏やかなチェンマイの街が広がります。同建物1階の「倶楽部 海外ぐらし」のサロンでは今回お世話になるアドバイザーの河合聡一郎さんと、タイ人の奥様・ジジさんご夫妻が待っていてくださいました。チェンマイ在住14年の河合さんには、明日の「横田順子氏チェンマイ総領事」の

インタビューのアポも取っていただいております。

　河合聡一郎氏（77歳）は、1986年〜1994年、慶応義塾ボクシング三田会の会長、三田体育会理事を務められ、小学校も幼稚舎のいわゆる「慶応ボーイ」。アメリカの映画会社ワーナーブラザーズ、日本ユニバーサル映画日本総支配人を歴任。「エデンの東」「老人と海」「ジャイアンツ」と代表作を次々に売り出し、ハリウッドへもずいぶん出かけられたそうです。

■**8月7日**　今日は河合さんのご案内で在チェンマイ総領事・横田順子氏のインタビューにAirport Business Parkの日本国総領事館を訪ねました。約束の10時に案内していただいたお部屋で、マイケオという黄色のタイ・シルクの装いで迎えてくださった横田順子総領事。今年4月7日に着任された横田総領事は1973年から2年間外務省からの派遣で、チェンマイ・チェラロンコン大学でタイ語を学ばれ、その後バンコクの日本大使館に勤務された経験があり今回は3度目のタイ王国勤務とのことです。今年は日タイ両国に於いて「日タイ修好120周年記念」と称して、各種の記念行事を計画されており、タイの各地にて日本紹介事業の実施や、日本からの使節の派遣や展示等による様々な文化行事を実施することを計画されているようです。

　"女性の総領事"ということでお話をお伺いしますと、今年の4月までアメリカ、中国、日本と各3か国の総領事はすべて「タイ語が話せる女性総領事」だったそうです。「タイ人の人柄の感想は？」とお聞きしますと、下記三つのことをあげられました。
①　「笑顔」→　ホスピタリティ精神がある。

② 「休日」 →　信仰心が強く「思いやり」や「やさしさ」があり、
　友人・知人の冠婚葬祭で会社をよく休むということだそうです。
③ 「水との繋がり」 →　ナーム（水）・ジャイ（心）
　ナーム・ジャイは「思いやり」の意味。まずは冷たいお水を一
　杯と来客をもてなす暑い国ならではの言葉。日本語では「情」
　と書きますから同じアジアならではの共通する感覚かも知れま
　せんね。水と繋がりのある人々の暮らしから〈豊かな文化〉の
　様子が窺えました。

　おかげさまでチェンマイ総領事との、インタビューを無事終える
ことができました。少し緊張した"愉しいひと時"でした

　夕方、メムさんと一緒にトゥクトゥク（小型三輪自動車）に乗り、
旧市街を案内していただきました。赤の乗り合いタクシーのソンテ
ウも市内の至るところを走っています。

　約700年前のランアー王朝の面影のある旧跡が点在する街。旧市

「トゥクトゥク」

街にある城壁の中も含めて300ほどの寺院があり、タイ人の信仰の厚さを感じます。ワット・プラ・シン（Wat Pra Sing）、ワット・チェディ・ルアン（Wat Chedi Luang）、ワット・スアン・ドーク（Wat Suan Dok）等の寺院を見学し、チェンマイの魅力を堪能しました。

　夜はChojpratarnにある高級住宅街の「河合邸」にご招待いただきました。日本の国旗が靡（なび）く150坪の邸宅で、奥様のジジさんの心のこもったタイ料理等をご馳走になりました。本当に美味しかったです♪

　河合さんに、チェンマイの大きな伝統的なお祭りの一つに「ロイ・クラトーン祭り」（Roy Krathong Festival）があることを伺いました。その時になると奥様のジジさんは、小皿の上に蝋を載せ灯りを灯し、それを家の周りの塀の上に約40個ほど置き、バナナの皮の中に花などをつめて蝋燭を立て火をつけ、それを近所の小川にさまざまな願いを込めて流すのだそうです。そして、そのお祭りの締めくくりの最後を飾るのが夜空に打ち上げられる直径約1メートルぐらいの「コムロイ」という紙製の熱気球。その時は何百というコムロイが空に浮き、まるで星のように輝くので、初めてそれを目にした人々は、チェンマイの星は赤いと錯覚してしまうとか。想像するだけでもとても幻想的ですね。ぜひ一度、私もいつかこの目で見てみたいと思います。

■8月8日　今日は在チェンマイ20年の浦野謹稔さんを「ORIENTAL NOISE会社」にお伺いしました。浦野さんはチェンマイで長年にわたりハンディークラフトの仕事をされた後、2000年にフ

リー・ペーパーの仕事を始め、今ではチェンマイで5紙の新聞を出版されています。浦野さん曰く、「ロングステイヤーはバランスのある生活をして、日本人としての誇りを持ってほしい」とおっしゃる。特にチェンマイは安い！　というイメージだけで来られる方も多く、「わずかなお金で大問題する人はご遠慮していただきたい。人には①使うお金　②使わないお金　③使えないお金、があって、④お金があっても使わないでバランスの悪い生活をする人は日本人として品格をなくす」とも。なにかこの問題はペナン、KLも共通のようでした。

■**8月9日**　午前10:00「海外ぐらし」のサロンでお約束の富谷泰生氏にインタビューさせていただきました。富谷さんは元タイ大丸社長で、現在はチェンマイ・ロングステイライフの会（CLLクラブ）の顧問。チェンマイでの日本人を対象としたサークルについては、

①　「チェンマイ日本人会」480名の会員が登録。(2006年12月末現在)

②　CLLクラブ（チェンマイ・ロングステイライフの会）
　　海外ではしばしば日本人が日本人に騙されるということを聴きますが、このような問題を極力なくすために創られた会で、現在は会員も100名を超え総領事館からも認められるようになったとのことです。

③　「サワデー会」ゴルフのサークル。

　なお、CLLクラブは毎月2回の例会があり、オーキッドホテルの2階で食事会兼懇親会を開催されています。

　午後からは、光明和子さん（Japanese Marketing Coordinator）を訪ねてChangklan Roadのチェンマイ日本人会事務所へ。マンダ

リンオリエンタルダラデヴィホテルやインペリアルメーピンホテル
でSales Managerとして大活躍されてきた実績の持ち主。タイ語も
堪能で明るくテキパキとお仕事をなさるキャリア・ウーマン。

　事務所に偶然寄られた、アマリ　リンカム　ホテル勤務の松下万亀
子さん。話が盛り上がっているところへ、チェンマイで
「CHAO・ちゃ～お」という情報誌を出版されている谷口潤二さん
が登場！　なんでも“お子さんの教育のために”チェンマイに来ら
れたとのこと。もっといろいろとお話をお聴きしたかったですね！

■8月10日　今日は、標高1080メートルのドイステープ寺院、
フーピンパレス＆山岳民族の観光に出かけました。コンドミニア
ムを午前9:00に出発し、フアイ・ケーオ（Huay Kaew）通りを直
進すると約15分ほどで山道に差し掛かります。

　登るにつれて少し冷気を含んだ空気が流れてきます。道沿いには、
熱帯の草花や野生のバナナ、滝などが点在して見る人の目を楽しま
せてくれる。そして、途中の崖に、「Welcome to Doi Suthep」の
文字も飛び込んできます。北部で最も神聖な寺院の一つ、ワット・
プラタート・ドイ・ステープ（Wat Pra-that Doi Suthep）。このお
寺はチェンマイ郊外のステープ山頂上に位置し、ドイ・ステープ山
にあるお寺で高さ22メートルの金色に輝く仏塔で有名です。303段
の階段がありますが、私は併設されたケーブルカーで頂上へ。登り
切ると靴を脱いで敷地に入ります。このお寺は眺めがいいのはもち
ろんですが、有名な黄金に輝く仏塔や傘があり、様々な方が寄進し
た仏様も並び、なかなか立派なお寺です。参拝者や観光客も多く、
活気がありました。ワット・プラタート・ドイ・ステープからさら

ワット・プラタート・
ドイ・ステープ寺院

に15分ほど登ると右手に王室の離宮（夏の避暑地）プー・ピン宮殿（Phu Phing Palace）があります。王族が滞在していない時期は一部を一般公開しています。舗装道路はここまでで、ここから30分ほど先までは未舗装になります。タイの北部地方には数多くの「山岳民族」が住んでいるとか。私が訪ねた「メオ族の村」は、オリジナルの民族衣装を持ち、村の入り口から坂道の両脇には手作りのお店がずらっと並び、彼等の工芸品は北部のお土産物になっています。

　その後、同郷の光明和子さんと、彼女の勤めるホテルSOFITEL Riverside Chiangmaiでランチとなりました。ホテルはナイトバザールが開催されるチャンクラン通りまで徒歩5分という立地で、食事をしながらのステープ山とピン川を望むロケーションはSoエキゾティック！　彼女お薦めの北タイ・カレーヌードル「カオソイ」と前菜のヤム・ウンセ（春雨サラダ）は、とても美味しかったです！

　いよいよ明日はシドニーへ帰国です。チェンマイ最後の晩餐は河合さんご夫妻、メムさんも一緒にイタリアン「Giorgio」に案内していただきました。チャンクラン通りとスリドンチャイ通りの交差点近くの洒落たお店です。味も美味しく愉しいひと時でした。

チェンマイも「海外ぐらし」の河合さんご夫妻やメムさん、そして、紹介いただいたチェンマイ総領事の横田順子氏やロングステイの方々、また活き活きとお仕事をされている光明和子さんと松下万亀子さんたちとの出会いもあり、愉しいチェンマイ滞在を過ごしたことに感謝いたします。

　■8月11日　KL経由のシドニー帰国ですが、チェンマイ発のエア・アジアはKL着がLCCターミナルになります。私のようにマレーシア航空の国際線でシドニーに戻る場合は、一旦荷物を受け取り、外に出てタクシーで15分のKLインターナショナル空港に移動です。そして再度、チェック・インしますから、タクシー代や重量オーバー時のお金のリンギット（マレーシアの通貨単位）紙幣も少し余分に持っておくことですね。

　■8月12日　おかげさまで無事26日ぶりに晩冬のシドニーに戻ってきました。今回のシドニー発「海外ぐらし」行き♪　ペナン、クアラルンプール＆チェンマイは多くの人たちとの触れ合いの旅でした。シドニー帰国後、（株）社会保険研究所の月刊「年金時代」の随筆欄の原稿依頼がありました。タイトルは「第2の人生－五十五歳からの海外女ひとり暮らし－私の選択」。

　私は「自分の人生」のデザイナー。何かを始めるのに「年齢は関係ない」と想うこと自体「年齢」を気にする年になった今、元気な今のうち！　健康な今、行動しよう！　悔いのない人生を！　と、思うのです。と締めくくっております。

シドニー発「海外ぐらし」行き♪
第4弾! バンクーバー編・前半

2007年9月25日〜9月28日

美しいバンクーバー

　世界で一番暮らしやすいNo.1のバンクーバー、このたびの旅行は前回の東南アジア同様、「倶楽部 海外ぐらし」のサービスを受けます。旅は人生！　出会いですね！　いろんなカタチの「ロングステイ」があって良いと思います。私の選ぶスタイル・ロングステイ。

■**9月25日**　朝7:35シドニー発、香港経由で翌日バンクーバー着、25日からの飛行時間は22時間。1989年、1995年以来、3度目の懐かしい訪問地“バンクーバー”。紅葉が美しい秋の滞在は初めて。大自然と都会の便利さが共存し、多民族多言語国家のシドニーと類似していますね。バンクーバー空港には、大河内南穂子さんが花束と共に迎えてくださり、早速お世話になる「ザ エレクトラ」までの30分のドライブ。大河内南穂子さんは、1954年、松竹映画「二十四の瞳」に3600人の中から選ばれ“小ツル”役で出演。1996年には四国新聞社よりエッセイ『瞳からの旅立ち』を出版されています。2000年に発足させた、生涯学習の集い「コスモス・セミナー」の主宰。

「ザ エレクトラ」のフロントには、「海外ぐらし」スタッフのミドルブロ美由紀さんが待ってくださっていて、早速1か月間お世話になる18階の部屋に案内していただきました。一面の窓からの景色はまさに大自然と都会の街・バンクーバーがそこにあり感激です。「海外ぐらし」のサロンも同ビルの2階にありとても便利です。また1階には紹介していただいた矢野修三さんの「日本語教師養成講座」のOfficeもあります。偶然シアトルから受講にこられていたカーチス栄美さんも紹介していただきこのタイミングの良さ!「シアトルでお会いしましょう!」と約束をしました。

■9月26日　滞在施設は街の中心部に位置し、どこに行くにも便利な高層コンドミニアム。ダウンタウンのバラード通りはショップや映画館、レストランが並ぶ繁華街は徒歩5分圏内にあります。歩いて3分の日本食レストランやイタリア・レストランともお馴染みになりました。

■9月27日　今日は、大河内南穂子さん宅での歓迎会♪　にご招待されました。ここリッチモンドはチャイニーズ系が人口の4割に達するそうで、戦前の中国からの移民と香港出身者、最近は台湾出身も加わったそうです。コスモス・セミナーの有志のメンバーの方による、手作りの心のこもった豪華お料理がずらり!!　その美味しかったこと!"愉しい集い"を開催していただきましてありがとうございました。おかげさまでたくさんのお友だちができ、情報交換もさせていただきました。

シドニー発「海外ぐらし」行き♪
第5弾！　シアトル編

2007年9月28日〜10月7日

　バスで国境を越えて！　バンクーバー発シアトル行き！　エメラルド・シティの愛称をもつ港町シアトル。2007年の今年は神戸との姉妹都市提携50周年にあたります。

　イチローがシアトル・マリナーズに入団して以来、日本からの「イチロー観戦ツアー」で知名度もグンと上がりましたね！

■**9月28日**　事前に予約をしておいたバスはQuick Shuttle、42人乗りの大型バス。シェラトン・ウォールセンターを午前10:30に出発しシアトルダウンタンには午後2:55に到着の予定。

　アメリカです！　国旗が見えた！

　バスはハイウェー99号線をアメリカに向けて走ります。午後1時過ぎにUnited States Port of Entry Blaine Whashinton、アメリカのイミグレーション（入国審査）に到着です。手続きに1時間かかり、3時には日本でも人気のブランドが勢ぞろいのアウトレット（outlets）に到着。そして、やっと午後5時前、シアトルの待ち合わせホテルに到着しました。バンクーバーからシアトルまで5時間以上かかったということ。ふ〜。

　到着予定が2時間も遅れたにもかかわらず、ホテルのロビーでは「海外ぐらし」のサポート、フラワー・サキコさんが待っていてくださった。ご主人のジェラードさんのお世話でHilton Seattleに落ち着きました。おかげさまで10日間の「快適ヒルトン・ホテル暮らし」がスタートです♪

■**9月29日**　「シアトル・マリナーズ・チーム・ストア」へ。

　街全体が海に向かって傾斜し、落ち着いた美しい街並みの雨の中、地図を見ながら4thとStewart St.の角にある、シアトル・マリナー

ズ・ストアへ。マリナーズ一色！　イチロー・コーナーもあり観光
客で忙しそうな店内です。イチローの51番の帽子を買い、さらに
地図を見ながら海に向かって歩き探したお店で双眼鏡も購入し準備
万端。

■**9月30日**　セイフコ・フィールドでイチロー観戦！「日本人ツ
アー」に参加です。午前11：00にウエストレイクセンターにて集合、
「ライドフリーエリア」と呼ばれる無料の公共バス「メトロ」で球
場へ。私のSectionは122。28番の9席。選手の顔も目前です！
球場ではコチュジャンの辛い味噌入り「イチロール」のお寿司を食
べながら、念願のイチロー観戦！　マリナーズの本拠地、セイフ
コ・フィールドで「イチロー・オーラ」を体感！51番の帽子でい
ざ観戦！

　夕方はピーターさん宅訪問です♪　フラワーさん宅に飾ってあっ
たピーターさんの「英語の書道」の額にびっくり！　今年、東京・
銀座で展示会をされた
ということをお聴きし、
ぜひ取材を！　とお願
いしたら、嬉しいこと
にご自宅に招待してく
ださいました。流暢な
日本語を話されるカリ
グラフィーアーティス
トのピーター・スミス
さん。1954年、ニュー
ヨーク生まれ。1972

51番の帽子でいざ観戦！

年、長崎県留学中に日本の書道に出会い、以後書道への情熱は30年以上に及ぶとか。「アルファベットと書道のテクニックを用いて英語を表現する」という、この新しい書のスタイルはフュージョンカリグラフィー（融合の書）と呼ばれています。

　その日は、詩吟の先生、信子テイセンさんもご一緒で、ピーターさんのお得意料理と"アメリカのお母さんの味"アップルパイのデザート！　をいただき、みなさんと本当に愉しいひと時を過ごさせていただきました♪　ありがとうございました。
　まだまだ、ピーターさんのびっくり驚きは続きます!!　ピーターさんはなんと、奥様の節子さん（数学の先生）とご一緒に詩吟を習っていらっしゃいます。もちろん、漢文も読まれます。

■**10月1日**　シアトル市内観光ツアーに参加。外国人の8人のメンバーはニューヨークの新婚さんや、シカゴ、テキサスのアメリカ国内からの旅行者の方々でした。やはり遠くオーストラリアからのゲストということで、インパクトがあり、シドニーの年中温暖な気候と美しい街を大変うらやましがられました。

　ハイライトはチッテンデン水門。水位の違うユニオン湖の淡水とピュージェット湾の海水の水位を調整するために作られた水門。水門が閉まりボートが浮かんだまま水位がグングン上下する光景は見もの。

■**10月2日**　ワシントン州立大学を見学。北西部では最も規模が大きく、北西部屈指の名門校とされています。ワシントン湖（Lake Washington）のほとりにあるこのキャンパスはとても広大

で、一帯はUniversity Districtと呼ばれています。映画"ハリーポッター"の中に出てくる魔法学校の図書館に大変よく似ているので付いたあだ名"ハリーポッターライブラリー"その図書館の建物の前には、「インスピレーション、熟考、完成」をイメージした彫刻があります。

　この大学の初代学長が、学生に入学前はたくさんの想いを持って、入学後はその想いをじっくり突き詰め、卒業の際は全てをマスター（完成）して旅立ってほしいと語ったことから、それ以後この「inspiration, thought, mastering」のITMの3語が学校のモットーとなっているそうです。

「メアリー・ゲイツ会館」。ビル・ゲイツのお母さんのメアリー・ゲイツさんもこの大学の卒業生。数年前までは大学の役員で、寄付して建てられた会館の中には肖像画が飾ってあります。この大学はジョンズ・ホプキンズ医大に次いで全米ベスト2の公立の大学医学部になっておりノーベル賞受賞者を2人も出しています。エンジニア学部に在籍した人の中には、マイクロソフト社をビル・ゲイツと共に創設したポール・アレンがいます。話題も豊富な大学でした。

■10月3日　ボーイング社飛行機工場＆航空博物館の見学ツアー参加。雨でもOKの観光を選び、今日はボーイング社飛行機工場＆航空博物館の見学です。案内をしていただいたのは河野直子さん。航空博物館では、床から天井までさまざまな飛行機が展示されています。隼戦闘機など各種ビンテージ飛行機閲覧もお薦め。飛行機の歴史を学んだり、シミュレーション体験もできます。エアーフォース・ワン！　あの有名なケネディ大統領を乗せて活躍した大統領専

用機の実物の機内を見学。今は飛んでいないコンコルドの機内はとても狭くてびっくりです。

　夕方、カーチス栄美さん（バンクーバーの矢野アカデミーでお会いした方）と連絡がつき、夜景の見えるレストランのSalty'sを案内していただきました。バンクーバーで、「シアトルでお会いしましょう」と約束し、今、対岸のエリオット湾を隔ててまさにダイヤモンドをちりばめたような素晴らしい夜景を見ながら、栄美さんと二人ワインで乾杯している♪　不思議ですね。だから好きです旅！出会い。

■10月4日　コロンビア・タワー（75階・高さ284m）へ！
　高さ184メートルのスペース・ニードルが下の方に小さく見えます!!　ビルからの眺めは圧巻！　素晴らしい眺めのダウンタウン。高層ビル群をはじめ、シアトルが一望です！

　午後はパイク・プレイス・マーケット（Pike Place Market）やパイオニア・スクエア周辺を散歩。パイオニア・スクエア（シアトル発祥の地で歴史的保存地域）は、19世紀後半に建てられたレンガ、テラコッタ、石造りの古い建物が残り、独特の雰囲気を醸し出しています。中心地には18メートルのトーテム・ポール（ネイティブ・アメリカンの伝統的な彫刻柱）がランドマークとしてそびえ立っています。野外に設置されたパブリックアートが面白い！

　2007年は設立100周年を迎えるマーケット。当時の姿を留めるネオンサインと時計台はシアトルのシンボル。スターバックス第1号店のPike Place店もあり、開店来の「茶色」のデザインを採用して

おり、他のチェーン店とは異なり店の周りは観光客で賑わっています。

　5時すぎからヒルトン・シアトル28階のラウンジでフラワー夫妻と歓談♪　アメリカ人のすぐ打ち解けて友人になり、親しく楽しむ様子は凄い！　ヒルトンの「Executive Concierge」のジムさんも一緒に、そして陽気なアメリカ人のクルージング会社「Hollad America」のメンバーとの記念写真!!

■10月5日　快晴！　ビル・ゲイツ大豪邸が見えるクルージング。晴れた今日は、ダウンタウン・シアトルのそばのユニオン湖からのクルーズ。船の乗り場はLAKE UNION（AGCマリーナ）。太陽と青空のお陰で船上からは美しいシアトルの摩天楼が！　ワシントン州立大学やハウスボート、ワシントン湖沿いには150億円のビル・ゲイツ大邸宅をはじめ、ため息がでるような高級邸宅が立ち並ぶ。「ビル・ゲイツの豪邸は、船上からは25％しか見えません」とアナウンスがある。陽が差し込むと暖かく少し冷気をおびた微風はなんとも心地よい。

ワシントン湖をバックに

　午後3:30、迎えに来ていただいていたサキコさんと「ウォーターフロント マリオット」にてブラッディー・メリー（トマトジュースにジン＆西洋ワサビ入り）とピラミッドのビール。レモンを絞り、味に丸みの

増すハーフバイゼンで乾杯!!

　夕方、Bellevueのピーターさん宅の近く、「I LOVE SUSHI」にてディナー。カナダのウニの大きいこと！　お刺身、土瓶蒸し等、日本食はやはり美味しい♪　明日は詩吟の発表会！

■**10月6日**　「シアトル國誠流詩吟会」2007年度秋季温習会が開催。案内の詩吟の本に目をやると「詩の意（こころ）を解する」「真の品格は永い間のその人の修練の積み重ねによることは言うまでもありません」「堅忍不抜の心」等の言葉が記載されています。納得！なんでも積み重ねですね。

　シアトル滞在もフィナーレに近づいてきました。詩吟の後は先生の信子テイセンさんと役員の方々とご一緒にシアトルで一番古い日本料理店といわれる「MANEKI」に案内していただきました。なんでも三木元首相が留学生時代によく通われたレストランということです。ほのぼのとした懐かしい"昔の日本"がそこにありました

■**10月7日**　今日はアムトラックでバンクーバーに戻る日です。キング・ストリート駅は、2006年、開業100周年を迎えたばかり。構内に入ると、天井からつり下げられた照明や玄関ホールに往時の名残を見ることができます。今回のシアトル行きの交通手段は、バスと列車を利用しましたが、両方を体験できてとても良かったです!!

　お世話になったシアトルの皆様！"素晴らしい出会い"に感謝いたします。ありがとうございました。

シドニー発「海外ぐらし」行き♪
第6弾！ バンクーバー編・後編

2007年10月8日〜10月23日

イングリッシュ・ベイ

■**10月8日** 10日間のシアトル滞在を終え、無事アムトラックで
バンクーバーに戻りました。コンドミニアムの近くの街路樹も色が
つき綺麗な紅葉になってすっかり秋が来た感じ。お馴染みさんに
なったお気に入りのイタリア・レストラン「DON FRANCESCO」。
真っ白なテーブルクロスの上にはいつもランの花が置かれ、重厚な
家具が気品を漂わせる。早速シアトルから戻ってきた帰国の報告を
兼ねての食事タイム。「彼女はオーストラリアから来られています」
と大きな声でウエイターさん。

　今日はスティーブストン（Steveston）にお住まいの大河内南穂
子さん宅での"話し方コーチング"に体験参加‼　スティーブスト
ンの街は、バンクーバー国際空港のすぐ南にあってカナダ最大の漁
港の町。1887（明治20）年、スティーブストンに最初にきた日本
人の漁師は和歌山県日高郡三尾村出身の工野儀兵衛。ビーチを歩く
と日本庭園「工野庭園」があります。そして「和歌山県人渡加百周

年記念碑」があり、その近く、海を見下ろす場所に「記念碑」も建てられています。

　"話し方コーチング" の後、歩いて5分のスティーブストン港を案内していただきました。朝早く漁から帰った船が桟橋にずらりと並んで、鮭、甘エビ、マグロ等を市民に直接売っています。また、桟橋付近はレストランや土産物店が並んでいてお寿司屋さんもあります。

　■10月10日　日系文化センターに於いて「コスモス・セミナー」の講演日！　ここは「日系プレイス」と呼ばれ、日系文化センター（NNHC）、日系ガーデン、新さくら荘、日系ホーム等がその敷地内にあります。

　　講演前にはカナダ日系新聞メディア「バンクーバー新報」のイン

「コスモス・セミナー」の 講演

タビューを受けました。第一生命時代の仕事の仕方や、南極をはじめ55か国以上の海外旅行やリタイア後のシドニー・ライフを含めた「朝子流生き方」の話をどんどん引きだされ、おかげさまで、とても愉しくお話をさせていただきました。

コスモス・セミナー特別企画
2007年10月10日
第一部　朗読の会『風の音』（かぜのね）
　　　　声で織り成す文学の響き
第二部　55歳からの海外女ひとり暮らし
　　　　◆◆私は「自分の人生」のデザイナー◆◆

　スライドでシドニー・ライフの日常、イベント＆南極及び海外旅行の写真をご紹介させていただきました。「コスモス・セミナー」の講演会場には約100名の方が集まられ盛大なセミナーでした。

■10月11日　冬季オリンピック会場の「ウィスラー観光」
　3時間の行程中、パノラマビューを開放感のあるグレーシャードーム車両で左右の美しいハウサウンド（ハウ湾）の景観に沿って列車は走ります。ヘリテージ展望車（自然の風を感じられる野外展望車）からの景観もお楽しみ。壮大な景色を見ながら朝食、アフタヌーンティー＆ワイン他ドリンクのサービス付きの究極の列車の旅です。お薦め!!
　日帰りなので2時間余りの自由時間のみ。夏にはさすが軽井沢と姉妹都市というだけあって、アメリカからも多くの観光客が避暑のリゾートとして訪れるとか。

■**10月12日**　快晴！　バンクーバー市立美術館のテラスのある
カフェでランチ。青空、輝く太陽！　なんとも心地よい。この美術
館はカナダ国内では4番目に大きな美術館で、想像力を刺激する作
品が4フロアにわたって展示されています。

■**10月13日　ビクトリアとブッチャートガーデン1日観光**
　「JTBの日本語観光ツアー」に参加。全員7名のメンバーで出発！
快晴のバンクーバー・ダウンタウンを朝の7:15に出発し、日の出
を車窓から眺めながら、ツワッセンのBCフェリーに向けて、ガイ
ドの下松さんの舌好調のトークと快適ドライブはスタート！
　BCフェリーで1時間半のクルーズ後、陽光が心地よく風がやさし
くそよぐ、スワルツ・ベイ港に到着。20世紀初頭にセメント王と
いわれたロバート・ブッチャート氏の妻であるジェニーが、自宅の
近くにあった石灰岩の石切り場の採掘跡を庭園にしたのが始まりと
いうブッチャート・ガーデン。2004年には設立100周年を迎えたと
か。
　庭園出発地点から矢印に沿って歩いていくと、眼下に突然の庭園
が広がります。これがサンケン・ガーデン（沈床庭園）で、ここか
らの眺めは圧巻！　絶好のフォトスポットですね。赤や黄色に染ま
る紅葉がとても美しい。ブッチャート・ガーデンをあとに、ラン
チ・タイムはサーニッチにあるお洒落なレストランFireside Grill。

　オークベイ（Oak Bay）はビクトリア郊外の高級住宅街。美観を
維持するために地域の開発制限を行っており、電線はありません。
地下に潜っています。人口も30年前からほぼ変わりなく（2万人前
後）、趣向を凝らした家々、手入れが行き届いた庭園、ビーチ、公
園などが、美しい街並みを作り出しています。

自由時間に散歩。ジェームス湾のインナーハーバーに面して真正面に堂々とした風格で立つホテル「エンプレス」。見事な真っ赤に紅葉した"ツタの葉"や青銅のドーム型屋根を持つ重厚な建物「州議事堂」Legislative Buildings の前をぶらぶらと、経験豊富なガイドの下松さんのお陰で和気藹々と愉しい1日観光でした。

■10月14日　散歩＆ショッピング・デー
　カナダはヨガやピラティスなどのエクササイズ先進国。バンクーバー発で大人気の（ヨガをコンセプトとしたアスレチックウェア）ブランド「ルル　レモン」"lululemon athletica"。「即・行動！」の私は早速散歩がてらに探して行ってみました。2000年11月にバンクーバーに最初のお店をオープンさせたとか!!　紅葉の街路樹とHarbour Green Park をゆっくり散策。

■10月15日　「ロングステイヤー・インタビュー」と「ダンサ・サイズ」♪　の紹介を快く引き受けてくださった渡辺佳子さん。
　ダンササイズのあと、渡辺さんと4th Ave. のギリシャ料理店「MARIA'S TAVERNA」でランチ・タイム。その後今日のインタビューはロングステイヤー・菅原孝氏をWEST 6th Ave. に訪ねます。訪問途中には"素晴らしい紅葉の街路樹"がある、とのことで案内していただきました！　素晴らしい紅葉！　ほんと、いつか見たカナダのカレンダー風景そのままです。雨あがりのしっとりとした「紅葉風景」が目の前にある。感動のシーンです。素晴らしい！
　にこやかに迎えてくださった菅原孝さん。1940年、北海道は室蘭生まれの夕張育ち。大学卒業後新聞記者をされていました。2000年、退職後バンクーバーに来られ2002年にはグレーターバンクバー移住者の会「創立25周年記念誌」に奥様の一子さんも加わり、

美しい紅葉の街路樹

分担して移住者のインタビュー記事を担当、生活情報誌「CoCo」、バンクーバーの「ラジオ日本語放送」「今日のズームイン」など陸鯨のペンネームでコラムやエッセイ、そして写真を掲載されていました。

　Every day is a new discovery "愉しいひと時" でした。ありがとうございました。

■ **10月16日**　オーストラリアがご縁で偶然お会いした百代Harveyさん。ご主人はオーストラリア人。今日は、早速彼女の車でバンクーバー市内の案内を申し出てくださいました。

　グランビルアイランドGranville Island。グランビル橋の下にあり、フォールスクリークに突き出した出島。昔の工業地帯を再開発した場所とか、カナダの画家エミリー・カーに因んだエミリー・カー芸術大学もある。昨年3月に皇太子さまが来加された時、寄ら

れたという「キッズマーケット」にも入ってみました。グランビル
アイランド・ブリュワリー（ビール工場）もあり、ここではアクア
バスという小さなフェリーに乗って、フォールクリーク周辺をク
ルーズできたり、自転車ごと乗り込めるボートもあるとか。

　雨のため、ブリティッシュ・コロンビア大学（UBC）の中をド
ライブ。州立の総合大学で1908年に設立され、4万8千人弱が学ぶ
西部カナダ最大の大学だそうです（学部生約4万人、大学院生約8
千人）。コスモスが可愛く咲いていました。

　夜はお世話になった「コスモス」の有志の方たちとリッチモンド
のCosmo Plaza内の「Garden City Hot Pot」♪　温かいスープ鍋
にお肉、魚等をいろんな薬味を入れて食べます。カナダ事情、シド
ニー事情の話に華が咲く "愉しいひと時" でした。

■**10月17日**　今日も雨。予定を変更して百代さんのお誘いでご
自宅での彼女のお手製ランチ＆トーク♪

　夕方は矢野先生とパブで乾杯‼　今日は夕方矢野先生のお気に入
のRichards St.にあるAlpha Global Sushi&Barに案内していただき
ました。矢野先生がご家族揃ってバンクーバーに来られたきっかけ
等の話をお伺いしながら、愉しい笑いが絶えない会話タイムでし
た♪
　今年で14年目を迎えられています。1994年11月には「矢野アカ
デミー」の誕生！　個人レッスンが中心で、サイモンフレーザー大
学や企業などでもビジネス日本語を教えられ、日本語を教えること
に興味のある日本人を対象に日本語教師養成講座を開講。

■**10月18日**　今日はカメラマンの斉藤光一さんの案内で、サーモン孵化場（Salmon Hatchery）とコール・ハーバーの洒落たレストランへ。キャピラノつり橋近く（雨のため、残念ながら予定変更）のクリーブランド・ダムからの流れを利用したサーモン孵化場へ。サーモンの稚魚を幼魚になるまで育て、放流しており、サーモンのライフサイクルやエコシステムについても、わかりやすく説明がされています。

　斉藤光一さんに案内していただいたのはコール・ハーバーのレストラン「Lift」。対岸のスタンレー・パークの緑を見ながらのランチ・タイム♪　帰りはインタビューを受けたRenfrew St.のバンクーバー新報事務所に寄っていただいた。なんと、そこでシドニーの日本語総合紙「日豪プレス」を拝見！　世界は狭いですね斉藤さん、世界を舞台に引き続き「顔晴」って！　期待しています。

■**10月19日**　「大塚聖一総領事特別講演会」
　日本総領事館9階の多目的ホール。昨年9月に着任されたバンクーバー日本国総領事、大塚聖一氏の「数字で見る日本の国際貢献、日本の国際認知度」の講演でした。
　講演後は、ウェインさんとボスハルト康代さんと一緒にGranville Bridgeのほど近くにあるスペイン料理店「La Bodega」に案内してくださいました。ウェインさん、ナナイモ（バンクーバー島の玄関口の都市）出身。奥様との出会い、1978年にチーナ・カナダを設立したお話等をお聴きしました。

■**10月20日**　百代Harveyさん宅にて会食歓談でした。

■**10月21日** 今日のインタビューは起業家・中山佳子さん。ノース・バンクーバーはロンズデール地域にある「Pasparos タヴェルナ」のラム（羊肉）料理でした。神戸出身の中山さんは、ニュアンス社長（Nuance President）。アロマセラピーアドバイザー、ビューティーアドバイザー、リフレクソロジスト、韓国語通訳。食事をしながら「セールス・ノウハウ・トーク」で盛り上がり、フォローの風に乗って愉しく仕事をした私の体験談に彼女はしっかりメモ。時代が変わり仕事の仕方は違っても「人の心」は変わらないですから。

■**10月22日** いよいよ帰国前日になりスタンレーパーク（Stanley Park）に、タクシー・ツアーとしゃれ込みました。有名な観光スポットのこの公園内は、多くの針葉樹林があり大きいものでは100メートルの高さがあるものもあります。マイナスイオンもいっぱいでリラックス効果もあるとか！　スタンレーパークの雨が止んで少し明るくなったトーテムポールの前で写真を撮り、緑がいっぱいのガラスで囲まれたレストラン「Sequoia GRILL」のteahouseで、対岸の光景を眺めながら、想い出になる一人ランチ！

　今日は午後から愉しいキャラ「矢野先生」の帰国直前の「外から見る日本語講座」の個人レッスンです。講義の後は矢野先生のお友だちでヒット曲「悠々列車♪」の四国からのゲスト・大澤眞知子さんとロバート・ミックミランさんを紹介していただきました。帰国直前の最後の「晩餐会」は矢野先生の生徒さんだった奈緒子さんとご主人のジェーソンさんも一緒の計6人。滞在期間中に何回か通った「おかだ寿司」での大宴会になりました。

■10月23日　シドニーへの帰国日‼

　バンクーバーは、なんといってもノース・バンクーバーの山々などの大自然と都会が見事なハーモニーを奏でています。

　7月～8月のペナン、KL ＆チェンマイ、そしてバンクーバー＆シアトルと素敵な出会いの旅！　世界のロングステイヤーを訪ねるシリーズ‼　皆様のお陰で無事終えることができました。ありがとうございました！

"真夏のオーストラリアを満喫" シェラトン・ミラージュ・ポートダグラス、ウィルソン島（無人島）＆ヘロン島のリゾート・アイランド♪ Sheraton MIRAGE PORT DOUGLAS, WILSON ISLAND, HERON ISLAND

2007年12月31日〜2008年1月8日

美しい無人島のウィルソン・アイランド

　シドニー・ライフも9年目を迎える2008年。やはり美しいオーストラリアの海と島を選びたい。昨年1月、メクンバティー（ノィジー）から戻るとすぐに予約を入れておいたのが「ヘロン島＆無人島のウィルソン・アイランド」。

　出発前日の12月30日の午後、嵐のためグラッドストーンからヘロン島へのボートが出ないことが判り、急遽ポートダグラスに変更！　決断は早かった。ブリスベン国内線空港で待ち合わせをしていた東京組（次女夫婦）＆シドニー組（長女＆私）は無事ご対面を果たして一路ケアンズへ！　ブリスベンからケアンズまでの飛行時間は2時間20分。サマー・タイムのシドニーとは1時間の時差があります。上空からは紺碧の美しい海、ホワイトビーチに囲まれた島が点々と見え、身も心も気分はすでにトロピカル♪

　シェラトン・ミラージュ・ポートダグラス着！　北へ約60キロ、

トリニティー湾に突き出た半島にあるポートダグラスまではケアンズ空港からタクシーで1時間15分。Broad-water spit のビーチに立つ、5つ星デラックスリゾートホテルのシェラトン・ミラージュ（SHERATON MIRAGE）に無事到着。

■**12月31日**　快晴の午後2時。ポートダグラスといえば「シェラトン・ミラージュ」、15ヘクタール（甲子園球場の3.78倍、約4倍ですね）の広大なトロピカルガーデン、2ヘクタールのラグーン・プール、そして18ホールゴルフコース「ミラージュ カントリー クラブ」があります。トロピカルな熱帯雨林のリゾートコース。そのゴルフ場に面した快適なお部屋は2階もありファミリーや友人たちと一緒には打ってつけですね！

　外観はまさに緑の中にそびえたつ白亜の館、椰子の木々が並び開放感あふれるリゾート地。熱帯雨林の緑に鮮やかな白が映えるまさに粋なトレシアン・リゾートです！　世界各国の首脳も滞在するクイーンズランド州を代表するリゾートで、アメリカ元大統領のクリントン氏をはじめ、著名人の"隠れ家的存在"とか。昔クリントン氏が宿泊したときは全室貸切ったそうです。

　ホテルの裏はフォーマイルビーチ（4マイルビーチ）で弧を描く4マイルのビーチ。太平洋側にあるフォーマイルビーチはその名のとおり4マイル（6キロ）にわたって弧を描く美しい砂浜。手つかずの天然のビーチといった雰囲気です。残念ながら毒くらげの発生のためこの夏の時期は遊泳禁止でした。

　ピーター・トムソン設計の南国ムードあふれるリンクスタイプのチャンピオンシップコース。敷地内の18ホールゴルフコース「ミラージュ カントリー クラブ」（Mirage Country Club）でのプレーも堪能！　部屋の前を通過のゴルフでした♪

ホテルで紹介してもらった中華料理店「Han Court」へ。半年振りの再会で大晦日は「中華レストラン」で乾杯。街では偶然花火が観賞できました！

■**2008年1月1日**　2007年5月オープンのペッパーズ・バレ・リゾート（PEPPERS BALE RESORT）。そのペッパーズ内にオープンしたのがイタリア・レストラン「サッシ・アット・バレ」Sassi at Balé シェフのトニー・サッシさんが、フレッシュなシーフードや地元の素材を使い料理します。

■**1月2日**　サンセットを目的に我々が選んだレストランはディクソン湾に面したシーフード・レストラン「On The Inlet」。ヨットを意識した建物で、ちょっとクルーズしている気分で食事ができるようなカジュアルなお店でした。

■**1月3日**　家族が朝9：00出発の「Snorkel & scuba」クルージングに出かけるのを見送り、まだ滞在するみんなと別れ、ここからはいつもの「ひとり旅」になります。一足先に「シェラトン・ミラージュ・ポートダグラス」を後にしてヘロン島＆ウィルソン島（無人島）への移動です。
　ケアンズをお昼の12：05発ブリスベン経由フライトと待ち時間でグラッドストーン到着は午後7：00。嵐が去ったグラッドストーンのRydges Gladstone Hotelで1泊です。

■**1月4日　快晴！　初めての街、グラッドストーン**
　朝9：30。ホテルに車の迎えがきてボート乗り場へ。ヘロン島までの約2時間のボート。受付で酔い止め薬もセットでチケットを貰

いforms。ヘロン島に着くとそのままAirバックと共にウィルソン島行きのボートに乗り継ぎです。なんでもクリスマスの日は、ウィルソン島は大嵐でゲストたちはヘリコプターで脱出したそうです。
「無人島の3泊のうち2泊はアナタおひとりがゲストですよ♪」というわけでスタッフ兼シェフのイギリス人・ティファニーさんとボーイフレンドのスウェーデン人・ガスタフさんと一緒に船に乗り込みます。ウィルソン島に到着！　ウィルソン島はヘロン島からさらに8海里（約15キロ、ボートで40分）離れていてヘロン島より小さい島で、15分ぐらいで一周できてしまいます。この島の自然は大切に保護され、だからこそビーチもゴミひとつ落ちていない、人間がはじめてこの島に上陸したかのような印象を受けましたね。真っ白の砂浜、海の色は波打ち際が透明な水色の海！　その奥が紺碧のツートンカラー。コントラストのその美しいこと!!　美しいウィルソン島の海。無人島での私のお宿。テントはドアなし虫除けの網のみ。大自然の中で「おやすみなさい」。ウィルソン島では宿泊に快適なテントが6つ設置されており、一度に最大12名のみしか泊まれません。無人島での宿泊は3泊ですが、2日間は私ひとりだけがゲストです。宿泊テントの目前は海！

　2日間はティファニー＆ガスタフさんと一緒にシュノーケルで泳いだり、島の周りを一緒に散歩。そして読書等ゆっくり過ごしました。夜、見上げればそこには手を伸ばせば届くようなキラキラ輝く星、星、星！　星で空はいっぱいです。星の中に空がある。美しい。

　夕方3人でウミガメを探しに砂浜へ！「カメがいるよ〜」とガスタフさんの両手を上げる合図で砂浜を走っていくと「いた〜!!」「大〜きい〜！」目前で見る初めての大自然の中のウミガメに感

頑張るわ！

動！「10月がウミガメの交尾シーズンです。交尾を終えたオスの
ウミガメは砂をかき分け、海へともどっていきます。11月から12
月にかけてメスのウミガメが産卵するシーンには自然の神秘を感じ
ずにはいられません。1月、2月にはハッチング（孵化）が見られ
ます。卵の殻を破って砂から出てくる子ガメたちが、一斉に海に向
かって這っていく姿も感動もの。12月の中旬ごろはこの両方が見
られるシーズン」だそうです。

　珍しいクロアジサシ（Noddy）、マトンバード（ミズナギドリの
ひな）、白サギ（egretta）などの野鳥の楽園で生息する手つかずの
自然が残る無人島。

■1月6日の朝♪

　3組のゲストが来島！＆私の誕生日♪　遅い午後、ヘロン島から
3組のゲストを乗せた船が着きました。フィレンツェからのイタリ
ア人の新婚さん、シドニーのご近所「クレモン」からのお2人さん、
ドイツから家族旅行の親子4人。ドイツ人のお父さん＆デンマーク

人のお母さん。お子さん2人はすでに4か国語を話します。

　サンセットをバックに乾杯！　和やかに歓談♪　無人島の海辺の
パーティー♪　白砂に囲まれた珊瑚の島のウィルソン島。
　シャンペンを片手に眺めるサンセット！　このなんという神秘的
な美しさ、地球って綺麗だな～と自然と宇宙に感謝！　そして乾
杯！　生牡蠣とカリフォルニアロールをいただきながら、和やかな
歓談のひと時です♪　ディナー後は日本からの羊羹をデザートに加
えて「どうぞ召し上がってください」。ゲストの皆がバースデーの
歌をうたってくださいました♪　2008年を無人島で迎えた今日は
私の誕生日。還暦＋3歳！

　ティファニー＆ガスタフさんは6か月ごとのアルバイトで世界中
を廻っています。この仕事の次は9月になんと南極で働くといいま
す。

　天候に恵まれた3泊4日の滞在中、大自然のなかで貴重な体験が
できた無人島のウィルソン・アイランド。地球の美しさに感動！
ウミガメさん「顔晴」ってね！　ありがとう！

　ティファニー＆ガスタフさん、お世話になりました。
　ウィルソン島！　さようならみなさん！See You again.

ヘロン島
　再度「ヘロン島」着。雲ひとつない青空！　無人島にもお別れし
てヘロン島に戻りここで1泊します。ヘロン＆ウィルソン・アイラ
ンドは1年を通じ、クイーンズランド時間に1時間足した時間で運

営されています。オーストラリアに住んでいますと国内旅行でさえ移動の時には時差に気をつけなければいけません。世界中のダイバーに知らしめた、ヘロンアイランド・リゾート。真っ白い砂浜に縁どられた珊瑚礁でできた島、ヘロン島は南回帰線上、グラッドストーンの72キロ北東沖合に浮かびます。コバルトブルーの海に浮かぶヘロン島。グレートバリアリーフ広しといえども、純粋にサンゴだけでできた島は、わずかしかないのだとか。そのひとつがヘロン島です。ヘロン島の美しいサンセット、真っ黒に日焼けしました！

　2008年のスタートを飾る旅行は出発前日にヘロン島＆ウィルソン島の「嵐」で、急遽行き先変更のパプニングがありましたが、即決断！　いつかは行ってみたかった「シェラトン・ミラージュ・ポートダグラス」で、家族と共にリラックスして過ごすことができたのはラッキー♪　今年もやっぱり運が良い!!　ラッキー・ガール？　2008年！　スタートの旅でした！

探検クルーズ客船「オリオン」で行く
パプアニューギニアの旅!!

2008年9月21日〜10月3日

　オーストラリアの先住民アボリジニは、ニューギニアとオーストラリア大陸が地続きであった約4万年前にニューギニアから移動してきたといわれています。2008年7月7日にはクック（1万年ほど前から広大な湿地を利用した見事な農業栽培で知られる同地域）の初期農業遺跡が初の「世界遺産登録」されました。太平洋戦争で旧日本軍20万人が犠牲になったとされるPapua New Guinea。

　メガヨットタイプの探検クルーズ客船"ORION"（全長103メートル、4,000トン）。サリナ・ブラットンさん（Sarina Bratton）の話を聴き、ぜひその「ORION・クルージング」を体験したいと思ったのが約1年前。女性としてはおそらく、世界初の客船クルーズライン創業者といわれているオリオンエキスペディションクルーズ社の社長です。

　そこで私が選んだクルージング先は、人と自然が共に生きる「地球最後の楽園」パプアニューギニア!!　今回は熱帯地域ということ

探検クルーズ客船"ORION"

で下記予防接種が必要でした。

① マラリアの飲み薬 Doryx 100（入国2日前から帰国後2週間まで！）
② 腸チフスの予防接種（有効期限は1年）
③ A型肝炎の予防接種（有効期限は3年）

　クルージングの旅は前日には現地入りが良いでしょうね。どんなことで飛行機が遅れるかも知れません。客船 ORION は22日にケアンズから出航のため、21日にはシドニー発ケアンズ1泊。当日はゆとりをもって集合場所の NO2 PASSENGER TERMINAL へ！　探検ながらエレガントさも兼ね備えたクルーズ客船 "オリオン" で行くパプアニューギニアの旅!!　いよいよ Expedition Cruises のスタートです！

■9月22日
　この ORION パプアニューギニア行きは船客80名。クルーが78名。リピーターがなんと17組の34名も！　年齢は14歳から80歳近くまで！　平均年齢は67歳とのことでした。
　船内は美しく豪華！　メンテナンスは行き届いています。スタッフの方は主にオーストラリア人で、食事等レストランのサービス係はフィリピン人です。かつて家族で暮らしたマニラが懐かしく思い出されました！

■9月27日
▽カモア・ビーチ（Kamoa beach）
　自由時間は Kamoa beach へ。

「地球最後の楽園」パプアニューギニア！

▽トゥフィ村（Tufi Village）

　お迎えのイカダに乗り換えトゥフィ島へ。トゥフィの魅力の一つはフィヨルド地形の景観の美しさです。美しいフィヨルドの入り江に何艘もの"アウトリガー・カヌー"が静かに音もなく行き来し、私たちを別世界に引き込みます。

▽トゥフィ村の笑顔の女の子が可愛い。「サクサク」という食べ物の作り方のパフォーマンス！　湿地帯に生えるサゴヤシの幹を砕いて水にさらし、沈殿したでんぷん質を練って乾かしたものでイモ類と同じ主食となります。また、村人はローカル料理の「ムームー」という蒸し焼き料理を作っていました（地面を掘って熱した石を置き、その上にイモ類や魚等を大きな葉で包んでのせ、さらに熱した石を被せて蒸し焼きにする）。

▽隣の村へ移動

■9月28日

▽タミ諸島（Tami Islands）

▽BBQ Lunch & Beach Bar
アニメ "ニモ" のモデルであるカクレクマノミも見つけた！ 魚を友にシュノーケル・タイム！

■9月29日
▽マダン（Madang）初めての寄港地
海は見るだけでも感動を覚えますが、海上から眺める陸地はまた格別です。船がだんだんマダンに向かって近づく時はなんとも言いようのない "感動" で心が騒ぎます。
どこの島も赤ちゃんと小さい子どもが多かったです。そして年配者はあまり見かけません。なんでも平均寿命が55歳とか！

■9月30日
▽ワータム村（Watam village）
午前中、訪ねたセピック流域のWatam villageは、ワニを信仰する人たちなど、独特の文化を伝えています。ここでワニなどを象った木彫りやトーテムポールはとても個性的で、パプアニューギニアを代表するプリミティブアート（原始美術）として、世界中の専門家や芸術家の注目を集めているそうです。
▽セピック川（Sepik River）
「パプアニューギニアのアマゾン」の異名を持つセピック川。
全長1126キロ、イリアンジャヤの国境近くから、広大な湿地帯の中央を蛇行してビスマルク海に流れ込んでいます。

■10月1日　At Sea
クルーのダンスをカクテル片手に娘と大いに愉しみました♪

■10月2日
▽ラバウル（Rabaul）終着の2番目の寄港地

　ラバウルは東ニューブリテン州の州都。かつては「南太平洋の宝石」とよばれ、世界中の旅行客で賑わったラバウル。1942年には旧日本軍が占領し、ニューギニア本島への戦略拠点となり、3万人を超える日本兵が滞在したといわれます。日本人の皆さんにはパプアニューギニアの国名よりもラバウルの地名のほうが記憶にありますね。

　朝、目覚めるともうニューブリテン島のラバウル・シンプソン港。窓からいきなり噴煙を上げている山（タヴルヴル山）が‼︎　びっくりして急いでデッキに上がってみました。灰に埋もれたラバウルの道路。今も絶え間なく噴煙を上げているのが「タヴルヴル山」。近年では1937年と1994年に大噴火を起こしました。94年の噴火時には火山観測所が事前に警告を発したので、死傷者は数名にとどまったとか。火山に面した海岸は硫黄臭が漂い、砂浜からあぶくが立ち

絶え間なく噴煙を上げているタヴルヴル山と温泉

温泉が湧いています。「温泉」に手をつけると熱めのお風呂の加減でした。

　第二次世界大戦で激戦地となったパプアニューギニア。日本軍の基地があったラバウルの道沿いには日本軍が掘ったトンネルや、多くの戦跡が残っています。1994年に火山の大噴火があり、今では写真のようにラバウルは廃墟となっており、住民は現在では廃墟の南東約30キロのココポの町に移り住んでいます。マスクは必需品。火山観測所のあるマルマルアン展望台からはラバウルの町とシンプソン港、そして火山が一望！

　海軍司令部跡の地下壕。連合艦隊司令長官の山本五十六元帥がブーゲンビル島上空で撃墜される数日前、ここに泊まっていたという「ヤマモト・バンカー」。「やって見せ、言って聞かせて、させてみて、誉めてやらねば、人は動かじ」。この言葉はパプアニューギニアの山本五十六元帥だったのですね。

■10月3日　ラバウル発オーストラリアへ帰国の途につく

　ラバウルのTUKUA AIRPORTよりチャーター機にてケアンズへ！　早朝5時起き、チャーター機でケアンズへ乗り継ぎ後、夜の10時に無事「別世界」の旅から13日目にシドニーの我が家に戻りました。このたびの旅は、船客の皆さんはほとんどがシドニーからの参加で、「次の旅行は？」と話題も尽きず、来年の旅行予定もしっかり決めていらっしゃいます。また歩く時には杖をついている高齢の方でも「午後の予定は？」と聞くと「シュノーケルよ!!」と海に潜り愉しまれていたのには驚きでした。小さい時から大きな大陸で自然と親しみ、カヌー等身近に乗って慣れていらっしゃるのでしょう。今回の旅行もオーストラリア人の体力には、お茶漬けとス

テーキの差をまたもや感じた次第。もちろん体格も立派で各食事時は私の3倍は召し上がって、食後のデザートの甘いケーキにアイスクリームの量も半端じゃなかった〜！

　客船"オリオン"は、探検用に注文建造された小型船で、通常の客船では入港できない港やアイランドに立ち寄ることができ、ゾディアックならばこその「パプアニューギニア」を訪問できたことは貴重な体験！　まさにExperimental in Papua New Guineaでした♪

　プライベートなメガ（巨大）ヨットタイプの「ORION」の船内は高級感にあふれ、スタッフの方々のサービスと心遣いは満点♪　毎夜のディナーは最高級レストランのフル・コース♪　時々BBQやお寿司や刺身もあり、ランチは主にデッキの青空のもと、海を眺めながらのビュッフェスタイル。5つ星クラスのクルーズ・ライフを母子共々大いに愉しむことができました！

　探検クルーズ客船"オリオン"で訪問した2か所の寄港地と11か所訪ねた島々では、各々の伝統文化を守りながら生活をしている様子も垣間見ることができ、またここパプアニューギニアにおいて、教科書では教えてくれない日本軍とアメリカ＆オーストラリア連合軍が激戦を交わした「戦争の悲惨な歴史」をも再認識した〈探検クルーズ客船"オリオン"で行く旅〉でした。

野生動物の楽園・カンガルー島！
南オーストラリア South Australia 2894km の
バス旅行　9泊10日の「Country & Coast」

　2009年！　今年の国内外旅行のスタートは「カンガルー島を含む南オーストラリア！」。知人の作家＆シャンソン歌手・戸川昌子さんが「カンガルー島で人生観が変わった」とおっしゃったのがいつまでも心に残っていた。また、2003年、タスマニア旅行でお部屋をシェアしたアデレード在住のJunさん。毎年素敵なご主人とのクリスマス・カードをいただきますが、いつかアデレードに行く機会があったら再会したいなと。そこで今年はカンガルー島とアデレードを含む"South Australia"10日間のCountry & Coastを選んでみました。

　世界中から参加のAATKingsバスツアー。オーストラリアからの参加者は私を含めて5人のみの総勢44名。イギリスやドイツからは"一人旅"で参加された体力、気力がいっぱいの88歳、81歳の女性もいらっしゃいました!!
　では、大自然の中！　気温23度〜46度までの「旅」をご紹介します。

■Day1：1月27日　Sydney 〜 Canberra
　午前8:00、シドニーの「スター・シティ」にて集合。バスは一路キャンベラに向けて走ります。
Historic Berrima　→ Southern Highlands　→ Working sheep farm → Canberra → Parliament House → Australian War Memorial
宿泊：OLIMS HOTEL CANBERRA

　コジオスコ山（Mount Kosciuszko）は、コジオスコ国立公園の中心地で、この山を中心とする地域のスノーウィー・マウンテンズ

は、オーストラリアの主要なスキーリゾートとして知られています。

■Day2：1月28日　Snowy Mountains

Snowy Mountains → Kosciuszko National Park → Beechworth

Beechworthでは、B&Bを経営のGORGE WALK Garry&Jill Jarvisさん宅のゲスト・ハウスでお世話になりました。
アットホームな雰囲気でホーム・ステイのようでとても良かったです♪　朝食もジルさんの素晴らしい手作りでデリシャス!!

■Day3：1月29日　Melbourne

Baileys Glenrowan Winery → Ned Kelly Country

ビクトリア州のワイン産地は20か所ほどあるそうですが、今回のツアーで訪ねたグレンローワンは、オーストラリア全体の8%のみしかとれない「5つ星」を取得しています。土の香りとベリーの風味を持つグレンローワンのシラーズ・ワインは飲みやすく、私好みのワインで美味しくいただきました。

夕食はHotel：Swanston Hotel Melbourneの「NOBU」にて♪
世界でも著名な日本人シェフの一人・松久信幸氏（NOBU MATSUHISA）がロバート・デ・ニーロと共同経営で世界展開する日本食レストラン。このメルボルン店が、世界で21店舗目でオーストラリアでは初出店。

■Day4：1月30日　Melbourne"Free Time"

フリー・デーのため、午前中はメルボルン観光！　ランチ＆夕

食は、お気に入りのイタリアン♪

宿泊：Swanston Hotel Melbourne

13年ぶりのキャプテン・クックの生家前にて。フィッツロイ・ガーデン（Fitzroy Garden）の一角にはキャプテン・クックの生家、Captain Cook's Cottageが再建されていて、観光スポットになっています。

メルボルン慰霊碑（Shrine）

スワンストン・ストリート（Swanston Street）から南を望むと見えるのがShrine of Remembrance。メルボルンのシンボル的存在でもある戦争記念碑。ヴィクトリア州最大のこの記念碑は、第一次世界大戦での戦没者を弔うために建てられ、戦没者の家族への敬意も表されています。毎年オーストラリアの祝日であるアンザック・デー（4月25日）には、ここで大規模なセレモニーが開催されています。

■ **Day5：1月31日　Great Ocean Road**

The Great Ocean Road　→ Bells Beach　→ amazing Twelve Apostles → Warrnambool

宿泊：Country Comfort Warrnambool

海岸線に延びるグレートオーシャンロード。完成まで16年かかったそうです。このメモリアルアーチの横には、工事に従事した方の銅像があります。

グレート オーシャン ロード

グレートオーシャンロード12人の使徒（The Twelve Apostles）

「12人の使徒」The Twelve Apostles とよばれる壮観な石灰岩。絶壁と少し離れて立ちはだかる12の威風堂々とした岩の姿。想像を絶するほどの自然の造形物です。

ロックアードゴージ（Loch Ard Gorge）

　ポートキャンベルから東へ約7キロ、複雑に入り組んだ海岸線のロックアードゴージ。ビーチへ歩いて下りられ、また洞窟の突端に沿っても歩くことができます。

■Day6：2月1日　Mt.Gambier

Volcano → Port Fairy → Glenelg National Park → Mount Gambier → Blue Lake

宿泊：Quality Inn International

エミューはオーストラリア全域に生息する、ダチョウ、ヒクイドリについで世界で3番目に大きな鳥で、オスが卵を温めるという特徴を持っています。

一日約20時間を眠って過ごすコアラ。コアラは先住民の言葉で「水を飲まない」の意味だそうです。コアラの主食としているユーカリの葉は栄養に乏しく活発な行動をするまでエネルギーを得ることができないため、エネルギーを消耗しないように（？）一日20時間以上も眠っているとか。また、水分はユーカリの葉からのみ摂取し、地上に降りて水を飲むことはまずないといわれていました。が、今回の旅行後の2月、ブッシュ・ファイヤー時にユーカリの葉が焼けたために水分が摂取できなかったコアラが、消防士の持つペットボトルの水をゴクン、ゴクンと飲んでいる可愛い様子をTVで見られた方もあると思います。コアラも状況によっては水を飲むのですね。

■Day8：2月3日　Victor Harbor

Glenelg → Victor Harbor → Granite Island → Kangaroo（by ferry）

Hotel：Stamford Plaza Adelaide

2003年11月に同じAATKingsバス・ツアーでタスマニア旅行をしましたが、その時に同室だったJunさん。宿泊先のStamford Plaza Adelaideにご夫婦揃って会いに来てくださいました！　ホテルのレストランでの会食♪　お互いの近況報告と旅行の話に花が咲きます♪　Thank you so much for lovely evening.

ビクター・ハーバー（Victor Harbor）木造の桟橋

　アデレードのシニアの人々の保養地として人気があるビクター・ハーバー。沖合いにあるグラニット島と桟橋でつながっていて、馬が引くトラムで渡ることができます。

■Day9：2月4日　Kangaroo Island

Kangaroo Island → At Seal Bay（Sea Lions）→ Remarkable Pocks → Admiral's Arch → Flinders Chase National Park
宿泊：AUROA OZONE HOTEL

いよいよカンガルー島へ！　いざ出発（by Ferry）

　神秘の大地！　多種多様な野生動物の生態と、大自然を目の当たりにする"カンガルー島"へ‼　1802年、イギリス人探検家、マシュー・フリンダーズ船長一行は飲み水と食料の不足が何日も続きそんな中、この島でカンガルーを捕まえてたらふく食べたそうです。飢餓状態を救ってくれた恵みに感謝し、この島を「カンガルー島」と名づけたとか‼　私は長い間"カンガルー島"とは名前のとおり、「カンガルーがその辺を飛び回っている島」と思っていました。

　カンガルー島はアデレードの南西140キロに浮かぶ島で、内陸部のほとんどは乾いた土地がユーカリの林と原生林に覆われています。多種多様な野生動物の生態を目の当たりにでき、まさに神秘の大地です。

　フリンダーズ・チェイス国立公園内にある高さ30メートルもの巨大奇岩群。海辺にそそり立つ花崗岩（かこうがん）の断崖の上に鎮座するこの岩は、長年の波と風の浸食によって至るところに窪みや空洞ができ、何とも不思議な形になったとか。「リマーカブル（目立つ、珍しい、

南極から吹き付ける風で不思議な形になった「リマーカブル・ロックス」

注目に値する）」。南極から吹き付ける風で不思議な形になった「リマーカブル・ロックス」。見逃せない"奇岩"！　波に浸食されて、トンネル状になっている急な坂道の遊歩道を下りると「アドミラルズ・アーチ」に着きます。この島での一番の名所がここ、シール・ベイ自然保護区の至近距離で見ることができるアシカ「オーストラリアン・シー・ライオン」。現地ではガイドの同行なしには、アシカは見学できません。南極で見た「アシカ」との違いは、南極のは耳がないとか！　あったような気もしますが、なかったような気もする……。

　世界各国からの参加者と乾杯！　お世話になりました！　最後の晩餐会。ヨーロッパのアンドラAndorraからの参加で、途中から同室のMayさん。日本では「アンドラ公国」というそうですが、Mayさんによると本国では「アンドーラ」というとのこと。ピレ

ネー山脈の中のフランスとスペインに挟まれたミニ国家「アンドーラ」!!　初めて聞いた「お国」の名前！　愉しいお話を聞かせていただきありがとうございました。

■**Day10：2月5日**　フェリーにてカンガルー島からAdelaideに戻り空港へ。空港からJunさんに「ありがとう」のTELをしたらなんと空港に駆けつけてくれたのでした！　ビックリ！

　旅は出会い♪　「You are my Bidgia！」また会う日まで。See you again!!

　最後まで心温まる愉しい「旅」でした。(Junさんに教えていただいたアボリジニ語「Bidgia」 → 英語で「My good friend」)

9日間の西オーストラリア南とワイルドフラワーの旅♪　AATKings・バス・ツアー

2010年9月6日〜9月15日

　2000年の来豪以来、"オーストラリア国内旅行"は今回で10回目になります。シーズン到来！　ワイルドフラワーの時期にあわせてのこのたびの旅行は、

　パース（Perth）→ マーガレットリバー（Margaret River）→ アルバニー（Albany）→ エスペランス（Esperance）→カルグーリー（Kalgoorlie）→ ウェーブロック（Wave Rock）→ パースに戻るという全行程2895キロのAATKingsの10日間のバス・ツアーです。

　7月中旬から11月中旬にかけて、西オーストラリア州では「ワイルドフラワー」が咲き乱れます。ワイルドフラワーとは、いろんなカタチの自然環境に自生する野生の花の総称です。

■9月6日　パース（Perth）

RYDGES HOTEL PERTH泊

「パース」といえば、「日本旅行作家協会」の兼高かおる会長が"世界で一番美しい街"といわれた街で有名ですね。3年前の例会で永年あこがれた兼高会長に初めてご挨拶させていただいた折「今は、日本の地方がエキゾチックですのよ」とテレビ番組「兼高かおる・世界の旅」で世界の国々を紹介されていた時と変わらない品のよい丁寧な言葉遣いと優雅な物腰でおっしゃっていました。

「パースに集合」のこのツアー、11年振りのパース訪問は、まず当日宿泊のRYDGESホテルで「日本旅行作家協会」会員の小松崎涼子さんと待ち合わせ。彼女に案内してもらったNorth Cottesloe Beach。青いインド洋の海と真っ白な砂浜が美しいNorth Cottesloe Beachは、海岸沿いにカフェやレストランが立ち並び、海を眺めながらゆっくりするには絶好の場所です。レストラン「Barchetta」にて輝く太陽と心地よい微風を浴びながら至福のひと時でした♪

その後、Nedland Dalkieth（高級住宅街）、Peppermint Grove（田園調布？）、そしてキングスパーク等パースの街を案内していただいた後は、ホテルでのツアー参加「ウエルカム・ディナー」まで、彼女のスタイリッシュなご自宅に寄せていただき「パース暮らし」を拝見です♪

　小松崎涼子さんの「パース暮らし」。テラスからの眺めも素晴らしいですね！　小松崎涼子さんは東京都町田市出身。お父さまの仕事の都合で幼稚園と小学校一年生をイタリアのミラノにて過ごされ国際基督教大学卒業後、㈱電通にて9年間を海外業務に携われた聡明な方！

■9月7日　マーガレットリバー（Margaret River）

AUSTRALIS MARGARET RIVER 泊

　いつものツアーでは、世界中からの「参加」ですが、今回は全員がオーストラリアの各都市から参加のグループです。

　いよいよ出発のAATKingsバス・ツアー。旅の同室オーストラリア人のShirleyさん。膝が痛くても81歳の彼女はどんどん歩くしお元気！　部屋では時間があれば「数独」Sudokuをしていらした。

Forest Heritage Centre

　CALMとパートナーシップを組み活動しているNPOで、フィールド内でブッシュファイヤーの調査、訪問者への環境教育プログラムや学生への専門的な工芸体験受け入れを行っています。敷地はビジターセンターと観察路が一体となった構造です。

バッセルトンの桟橋　Busselton

　バッセルトンは南半球で一番長い桟橋（長さ1.8キロ）が有名。

この桟橋の上を列車が運行しており桟橋の端にある海中水族館まで列車で往復することができるとか。

鍾乳洞のマンモス・ケーブ　Mammoth Cave

　マンモス鍾乳洞はカリー木が茂る森の中にある巨大な鍾乳洞です。長さおよそ500メートル、深さおよそ30メートルの巨大な鍾乳洞で、内に入ると鏡のような地底湖や細く延びた、みごとな鍾乳石の芸術が見られ、まるでタイムカプセルのように過去の植物や気候の状況が発見できます。

■9月8日　マーガレットリバー（Margaret River）

　Accommodation AUSTRALIS MARGARET RIVER泊

　ケープ・ルーウィン（Cape Leeuwin）灯台は西オーストラリア州サウスウエストのオーガスタの北部に位置する灯台で、インド洋と南極海が出合うスポットとして観光客に人気があります！　灯台内には186段の階段があり、灯台の高さは39メートル。6月から12月の間はケープ・ルーウィン灯台周辺の海にクジラが現れるとか！灯台の近くにある「水車」。水路を通って、右から左方向に水が供給されます。灯台を建造する人々に水を供給するため、1895年に建てられたもの。

マーガレット・リバー・チョコレート工場　Chocolate factory

　西オーストラリア州。オーストラリアで最も活気に溢れ、人気の高いワイン産地であるマーガレット・リバーの「Palandri Winery」でテイスティングとランチ♪　チョコレートを作っているところがガラス越しに見られ、試食、販売しています。

■9月9日　アルバニー　Albany

Accommodation Comfort Inn 泊　Albany 観光

▽ "Gloucester Tree 木登り体験！
　ペンバートン（Pemberton）は、ジャラの木、マリーの木やカ
　リーの木の森に囲まれた町でカリー・カントリー（Karri Coun-
　try）とも呼ばれています。美しい国立公園のある森林はその木
　に実際に登ることもできます。ハシゴが付いている高さ75メー
　トルの登れるカリーの木。その巨木の「木登り」に挑戦！

▽ Wilderness Discovery Centre 内の高さ40メートル、全長600
　メートルも続く「森の上の空中歩道」のツリートップウォーク。
　美しい森と空気と空間が楽しめます♪　ティングルの巨木の根元
　には大きな空間があり数人が入れます。

▽ ナチュラルブリッジ　Natural Bridge
　自然の力によって作り出された岩の橋、ナチュラルブリッジは、
　迫力満点！ Albany から10キロほどのトーンドラップ国立公園の
　観光スポットです。

▽ ナチュラルブリッジの横には、打ち寄せる波によりできた断崖絶
　壁の岩の裂け目が！「ザ・ギャップ」

ⓐ Blue Whale（体長34メートル）の骨の模型
　アルバニーは、1826年イギリス人が最初に入植した西オースト
　ラリアでは一番古い街で昔は捕鯨基地として栄えた街です。今で
　は捕鯨禁止のため、その名残は〈捕鯨博物館〉で見ることができ
　ます。冬季には沖合にたくさんの鯨がやってくる「ホエール
　ウォッチング」が有名です。

ⓑ「Whale World Museum」
　館内には体長34メートルのブルー・クジラの模型をはじめ、ク

ジラや捕鯨の歴史に関する貴重な資料が展示されています。

■9月10日　エスペランス　Esperance

Comfort Inn Bay of Isles 泊

▽第一次世界大戦の記念碑
　　AUSTRALIA and NEW ZEALAND と彫られた銅像。第一次世
　　界大戦の時、アルバニーにオーストラリア軍とニュージーランド
　　軍が集結し、中東へ向かったことから、記念碑ができたそうです。
▽Mt. Clarence の頂上から南氷洋を望む
▽エアーズロックのように1枚岩のケープ・レ・グランド国立公園
　　のフレンチマンズピーク（Frenchman's Peak）。
▽ラッキー・ベイ‼︎　白い砂浜とターコイズ・ブルー（トルコ石の
　　色）の海！　西オーストラリアNo.1の綺麗な海です！「天国に
　　一番近いビーチ」心が癒されます♪

■9月11日　カルグーリー　Kalgoorlie

Rydges Kalgoorlie 泊

▽Underground Tours マイニグ・ホール・オブ・フェイム見学
　　炭鉱の町、カルグーリー（Kalgoorlie）。エレベーターで地下に降
　　ります。地下のカルグーリー金鉱見学。金鉱山がどのように採掘
　　されたかを見学。西オーストラリア州のカルグーリーにある「世
　　界最大級の露天掘り金鉱山・スーパーピット・Super Pit」。カル
　　グーリーで金鉱が発見され、ゴールドラッシュに沸いたのは19
　　世紀末のこと。世界最大の露天掘り金鉱山で年間30トン近い金
　　を産出しています。1893年以来の採掘が今もなお進行中。現在

スーパーピット

この「スーパーピット」は長さ3.5キロ、幅1.5キロ、深さ360メートルで、宇宙からも確認できるほどの巨大さ。観光地にもなっているこのスーパーピットが、空気汚染、用水汚染、騒音、振動、廃棄物などの難題を、現地の住民にもたらしているとか。

■ 9月12日　カルグーリー　Kalgoorlie
RYDGES泊
美しい花を紹介!!
・オレンジ・トランペット・バイン（Orange Trumpet Vine）
・ラッルス（Lathyrus）
・チャメロシュウム（Chamelaucium）
・フューシャ（Fuchsia）
・レッド＆グリーン・カンガルー・ポー
　（Red & Green Kangaroo Paw）
・アルバニー・ボトルブラシ（Albany Bottlebrush）

■9月13日　ウェーブ・ロック　Wave Rock

Esplanade Hotel（Fremantle）泊

日本人の私の他は29名全員が「オーストラリア人」。各都市から参加の50歳から86歳までの方々とご一緒でした♪

▽ウェーブ・ロックにて全員集合！

長さが約110メートル、高さは約15メートルあります。奥にはダムがあり、そのダムの一部にもなっています。歴史的な岩の上に登り、オーストラリアと地球の偉大さを感じました。人気観光スポットのウェーブ・ロック！　来豪以来、このウェーブ・ロックの写真を見るにつけ、この目で確かめたい！　と思っていた場所です。この巨大な岩。なんと！27億年前から存在しているのです。また、このウェーブ・ロックは花崗岩からできていて、一定方向から吹いてくる風が運んでくる砂、雨、熱などで浸食されてできあがったものとか。岩の表面にある縞模様は、雨に含まれる沈殿物が傾斜して岩の表面に流れ込んだものらしい。自然が創り

自然のオブジェ♪　ウェーブ・ロック

出す、まさに芸術！11年前に行ったパースの北250キロにあり、ナンバン国立公園に広がる「ピナクルズ」や、昨年旅したカンガルー島の高さ30メートルもの巨大奇岩群「リマーカブル・ロックス」と並んで、とても、とても不思議発見！

ウェーブ・ロックの近くで見かけたブラックスワンの親子。9月に入り、南半球の春を感じているのは私たちだけではなく、かわいい子ども2羽と一緒にスイスイ。また、この隣にはこぢんまりした「ワイルドライフパーク」の動物園が。外から、なんと珍しい白いカンガルー（ホワイトカンガルー）が見えました‼

▽ヨーク（York）を見学。パースから東に約97キロ離れた場所にある歴史深い町。西オーストラリアの内陸で一番最初に開拓された町です。

■ **9月14日　Fremantle ～ Perth フリーマントル観光とスワン川クルーズ**

▽ラウンドハウスは、Henry Reveleyによってデザインされ、1830年～1831年に刑務所として建てられました。フリーマントルの旧刑務所内部は見学できて、囚人たちの部屋やギロチンなどが見られます。ツアーのメンバーが早速モデルに！

▽港町のフリーマントルでは久しぶりのフィッシュ＆チップス！11年前の1月、日本から3回目の「家探し」で来豪した折、現在住んでいる「チャッツウッド」のユニットを購入し手続きを済ませた後、そのまま友人とパースを旅行しランチを食べたのが、思い出深いこの「港町・フリーマントル」でした♪　あれから11年。

▽フリーマントルからスワン川をクルーズ。船内でワイン・テイスティング♪　を楽しみ、8日ぶりにパース（Perth）に戻ってき

ました。スワン川クルージングの後、ATT Kings・バス・ツ
アーは解散です！

　Rydges Hotelにスーツケースを預け、再び小松崎涼子さんに美
しいパースの夜景を案内していただき、夜のドライブとなりまし
た♪　そして、彼女の自宅にてご家族の皆さんと食事をいただき再
度"楽しいひと時"を過ごさせていただきました♪

　今夜のパース発シドニー行きのAirは午後23：55発。
　さようなら、パース。また会いましょう！

■**9月15日**　早朝6：10シドニー着。無事、シドニーに戻りました。
今回の旅は、9月！　ワイルドフラワー♪　の時季に合わせ「西
オーストラリア南」の大自然を満喫した、いつものAATKingsバ
ス・ツアーに加え、日本旅行作家協会の会員仲間である小松崎涼子
さんのお陰で"パース・オリジナル旅"もさせていただいたことが
一番うれしく愉しい旅♪　でした。

女ひとり旅♪　シドニー発ドバイ行き！
2012年‼「飛んだ！ ドバイ（DUBAI）で迎えた新年」

2011年12月30日〜2012年1月8日

アッサラーム・アライクム！

　30歳から25年間で55か国の渡航歴のあと、2000年の来豪以来のオーストラリア国内外の旅は、「ドバイ旅行」で20回を超えました。今回の"女ひとり旅"は、「刺激のあるユニークな場所」を求めていた矢先、H.I.S.AustraliaのIさんの「ドバイはいかがですか？」の一言で、一度は行ってみたいと思っていた「ドバイの旅」が実現した次第です。

　ドバイは、アラブ首長国連邦「The United Arab Emirates」（UAE）を構成する7首長国の一つです。首都はアブダビですが、各首長国に自治権があり、それぞれシェイク（王様）を頂点とする「絶対王政の国」となっています。

　世界最大の空港、世界最大の人工島など、オイルマネーを元手にあらゆる分野で世界一を目指す中東「ドバイ」。今回のドバイ旅行で一番興味のあるのは高さ828メートル、160階建て超高層ビル「ブルジュ・ハリファ」‼

　旅行前にはロケ地が「ドバイ」のトム・クルーズの映画『ミッション・インポッシブル』も鑑賞し、「ピラミッド以来のアラブ社会の権威の象徴と位置づけられた」といわれる超高層ビル「ブルジュ・ハリファ・ドバイ」をぜひこの目で確認したい！

　ドバイでの観光等はドバイ到着後に自分でホテル内のツアーに申し込む予定。インターネットで「ドバイ観光」の検索で調べた結果、次ページの表のようにスケジュールを決めました。

ドバイ旅行滞在日程（7泊10日）
12月30日
　9:45PMシドニー発、直行「総2階建てEmirates A380」
12月31日
　5:30AMドバイ着「ダウ船クルージング」
2012年1月1日
　「ブルジュ・ハリファ・ドバイ」828メートル　予約7:30PM
1月2日
　Reiko Cheongさん（バレリーナ）にお会いする
1月3日
　ドバイ半日観光（日本人ガイド）　紀伊國屋書店訪問
1月4日
　アブダビ1日観光
1月5日
　7つ星ホテル「Burj Al Arab」にてランチ
1月6日
　ドバイ砂漠サファリ
1月7日
　10:15AMドバイ発、直行「総2階建てEmirates A380」
1月8日
　7:00AMシドニー着

　また、今回旅行の目的でもある「現地に住む日本人・インタビュー」は、事前に「ドバイ在住のReiko Cheongさん」とE-Mailで連絡がとれました。

■ 12月30日 「機中泊」

　飛行機は、総2階建て「エミレーツA380」。シドニー発直行便で14時間です。夜便はぐっすり寝て気がつけば朝！　食事も美味しく快適な空の旅でした。シドニーとの時差はシドニーが只今夏時間のため7時間（日本とドバイは5時間の時差です）。

■ 12月31日　ドバイ着！「ダウ船クルージング」

　早朝の5:30、世界最大の空港・ドバイ着。タクシーで「ハイアット　リージェンシー・ドバイ（Hyatt Regency Dubai）のホテルへ！　空港からホテルまでは20分、約12キロです。ホテルのある場所はドバイで最初に栄えた「デイラ地区」で、30年近くの歴史を誇るホテルです。ホテル内には「アブダビ旅行会社」がデスクを構えており、朝の9時からのOpenを待ち、早速Officeのフィリピン人サニーさんと事前に作成しておいた「スケジュール表」を見ながら、今夜のダウ船クルージング、明日からのドバイ半日観光（日本人ガイド）、アブダビ1日観光の確認。7つ星ホテル「BURJ AL ARAB」にてランチ♪　滞在最後の6日はドバイ砂漠サファリ・ツアーと、10分足らずで予定通りばっちりブッキングができました。嬉しい！

　ロビーを観察していると、UAE人の男性はカンドゥーラという、ほとんど白系一色の服を着ています。女性は黒のアバヤ。伝統や習慣はよく守られているようですね。

　夜7時にホテルのロビー集合で「ダウ船クルージング」へ！　ロビーでお会いした同じツアーの、西宮にお住いの田中さんファミリーとご一緒でした。さあ！　迎えの車に乗って、船着場へ！　このクルージングは伝統の形式で作られた木造船「ダウ」に2時間

乗ってドバイクリーク（運河）の夜景を堪能します。ダウ船とは、イスラム圏の伝統的な木造船。釘を一本も使わずに組み立てられているのが大きな特徴。ドバイの街はアラビア湾の自然の入江であるドバイ・クリークの両岸に広がり、クリークを挟んで北東側の泊まっているホテルのある地区がデイラ、南西側の地区がバールドバイと呼ばれています。そのエキゾチックな夜景を堪能しながらビュッフェ形式のアラビア料理をいただきます。船でのサービスはフィリピン、インドネシア＆バングラデシュからの出稼ぎの外国人でした。

　夜10時過ぎにホテルに送ってもらい、「京」にて31日ということで"年越しそば"をいただきました。

■**2012年1月1日午前0時！**　ホテルの部屋の窓からブルジュ・ハリファの2012年を祝う盛大な化火が!!　ブルジュ・ハリファの高さを生かし、ビルの側面から次々に無数の花火が打ち上げられます。世界一の高層ビルから打ち上げられる"美しすぎる花火"Amazing！Superb !!

「ブルジュ・ハリファ」展望台へ！
　元日の朝、ホテルの部屋に届けられた新聞を見てビックリ！「南半球はSamoa島が地球で一番最初に新年を迎える」ということで、なんと「シドニーのオペラ・ハウスと花火の写真」が大きく掲載されていました。
　ドバイ滞在の観光の優先順序では何と言っても「ブルジュ・ハリファ・ドバイ」（828メートル、160階建て）へ上ること。
　同じ上るなら、やはり2012年の元旦でしょう!!
　これだけは事前の予約でないと厳しいのではとの予感が当たり、

インターネットでようやく取れた時間は2012年1月1日午後7：30。料金はドバイ105.00AEDエミラティディルハム（約2,300円）。当日は4倍のお値段だとか！

　世界一の超高層ビルのブルジュ・ハリファは、2010年1月4日完成しました。韓国のサムスングループやUAE企業が主体となり約5年がかりで建設したそうです。かつて旅行でトロントのCNタワー（553メートル）や、台湾のTaipei101（508メートル）にも行きましたが、砂漠の花ヒメノカリスをイメージしてデザインされたドバイの新しいランドマークの美しいブルジュ・ハリファの姿は圧巻!!　ちなみに東京スカイ・ツリーは634メートルですのでその高さは脅威さえ感じます。

「噴水ショー」!!

　ブルジュ・ハリファの前に広がる人造湖での美しさと迫力あるダイナミック「噴水ショー」は、さながらラスベガス♪　さまざまな音楽に合わせて踊る巨大な水の柱は、50階建てのビルに相当する150メートルまで上がるドバイ・ファウンテン♪　その噴水の全長は約274メートル。6000台を超えるライトと25台のプロジェクターによって、色とりどりの美しいイルミネーションが可能な水の彫刻とでもいいましょうか、この世界一の噴水はウォーター・エンターテイメント・テクノロジーとして設置されたものでアメリカ、ロサンゼルスの会社の技術とか。

　予約済みの「7：30PMの展望台」への時間まで、目前のショッピング・アーケードを観て廻ったり、パレスホテルのオールドタウンでビールを飲んでstand by !　目前に迫るブルジュ・ハリファは圧巻!!

世界最大のショッピングモールのドバイモールに「展望台への入り口」があります。早めに行くと入場券売り場ではすでに売り切れ！「SOULD OUT！」になっています。7時過ぎには列に並びエレベーターで442メートルの展望台、アット・ザ・トップ（AT THE TOP）の124階まで行きます。このエレベーターの速さも世界最速の秒速18メートルとか！　中に入っている間はそんなに速くは感じません。124階の展望台のバルコニーの回転ドアを開けるとそこは「屋外展望デッキ」！　眼下に見える眺望の素晴らしさ！ドバイの街の夜景！

　特に「ジ アドレス ダウンタウン ドバイ」（The Address Downtown Dubai）のホテルは映えますね！　しかもバルコニーからの頭上には386メートルものタワーがそびえている〜!!　ワァオ〜!!　遅くまで観光客と地元の人々で賑わっており、特に夜景はより一層美しく煌びやかで、噴水ショーも昼夜2回ずつ見惚れてしまいました。

　そして9時にはタクシーを拾ってホテルへ！　おんな一人でも本当に安全。タクシーで25分、33AED（約700円）でホテルに無事戻れました。

■**1月2日**　Reiko Cheongさん（バレリーナ）にお会いする！
ホテルロビーで待ち合わせた初対面のドバイ在住の玲子さん。Mailのやり取りで、私の描いていた通りの「Reiko Cheongさん」がそこに現れました。

　バレリーナの玲子さんは留学先のパリにて結婚、そのままパリ暮らし。以来6か国9都市に住み2008年より現在UAEはDubaiに在住されています。彼女の名刺には「Ballet Teacher － Former Professional Ballet Dancer Certified Pilates instructor」と記されているようにドバイでご活躍の素敵な女性です。

冬のドバイは快適！　早速玲子さんにホテルから歩いてすぐの
ローカル・エリアを案内していただきます。道路横に咲いている花
（オレンジ色のマリーゴールドが多かった）には灌漑（irrigated
Land）が施されています。通りの地元のレストランはオマーンか
らの出稼ぎ？　休暇？　の人たちでした。インド・カレーをいただ
いた後、商店街を通って、ホテル前の砂漠の中に突如として出現し
た「地下鉄の入り口」へ！　ホテルから見えた変な建物、それは
「地下鉄の入り口」だったのです！
　駅構内や車内の案内は全てアラビア語と英語で表示されています。
ドバイ・メトロ車両は近畿車輌製、18メートル車両の5両編成で、
端の1両は日本のグリーン車に相当する「ゴールド・クラス」と、
女性子ども専用となっています。私たちが乗った午後3時前は、な
ぜか車内は混んでいました。それにしても、地下鉄構内の装飾が凄
い‼　すべてブルーで統一され、特に「ガラスの装飾」これまたラ
スベガス⁈　オゥ〜という感じでした。メトロに乗って「ドバイ・
マリーナ駅」行きです。
　ドバイ・マリーナ（Dubai Marina）は、世界第2の面積を誇るマ
リーナ。ドバイの「高級リゾート・カルフォルニア」といわれてい
るだけに人気の居住エリアで、観光客向けというよりも、建築の不
可能を可能にしてしまう奇抜で斬新なデザインの高層マンションが
立ち並び、まるで映画のセットの中に迷い込んだようでした。
　ドバイ・マリーナを後にして、タクシーで近くにお住まいの彼女
のユニットに寄り、（ちなみにドバイには「アドレス」はなく「P.
O. Box（Post Boxの略）」のみだそうです）今度は彼女の車でパー
ム・アイランド（Palm islands）にドライブしていただきました。
パーム・アイランドは、ドバイ沖に造られたヤシの木をモチーフに
して作られた人工島群。そこに建つピンクの王宮のような「ホテ

郵 便 は が き

料金受取人払郵便

新宿局承認

2524

差出有効期間
2025年3月
31日まで
(切手不要)

160-8791

141

東京都新宿区新宿1－10－1

(株)文芸社

愛読者カード係 行

|||l|·ll|·'·l||l·l|l··l·l||··|·|·|··|·|·|·|·|·|·|·l·|·||

ﾘがな 名前		明治　大正 昭和　平成	年生　歳
ﾘがな 住所	□□□-□□□□	性別	男・女
電話番号	(書籍ご注文の際に必要です)	ご職業	
E-mail			
ご購読雑誌(複数可)		ご購読新聞	新聞

最近読んでおもしろかった本や今後、とりあげてほしいテーマをお教えください。

ご自分の研究成果や経験、お考え等を出版してみたいというお気持ちはありますか。

ある　　ない　　内容・テーマ(　　　　　　　　　　　　　　　　　)

現在完成した作品をお持ちですか。

ある　　ない　　ジャンル・原稿量(　　　　　　　　　　　　　　　　)

書　名	

お買上 書　店	都道 府県	市区 郡	書店名			書
			ご購入日	年	月	日

本書をどこでお知りになりましたか?
　1.書店店頭　2.知人にすすめられて　3.インターネット(サイト名
　4.DMハガキ　5.広告、記事を見て(新聞、雑誌名

上の質問に関連して、ご購入の決め手となったのは?
　1.タイトル　2.著者　3.内容　4.カバーデザイン　5.帯
　その他ご自由にお書きください。

本書についてのご意見、ご感想をお聞かせください。
①内容について

②カバー、タイトル、帯について

弊社Webサイトからもご意見、ご感想をお寄せいただけます。

ご協力ありがとうございました。
※お寄せいただいたご意見、ご感想は新聞広告等で匿名にて使わせていただくことがあります。
※お客様の個人情報は、小社からの連絡のみに使用します。社外に提供することは一切ありません。

■書籍のご注文は、お近くの書店または、ブックサービス(　0120-29-962
　セブンネットショッピング(http://7net.omni7.jp/)にお申し込み下さい。

ル・アトランティス ザ パーム」(Atlantis The Palm) 前のアラブ
海に落ちるサンセット♪ 夕陽の観賞後は午後7:00にハヤット・
リージェンシーのホテルに戻り、二人で「京」にて「お節料理」を
いただきました。ドバイ在住4年の玲子さんの「ドバイ事情」をお
聴きしながらinドバイ「日本のお正月」を味わいました。

■1月3日　ドバイ半日観光（日本人ガイド）＆「ドバイ紀伊國屋
書店」の川上幸弘さんと再会！（元シドニー紀伊國屋書店）
　日本人ガイドSさんの案内で「ドバイ半日観光」です。ドバイの
歴史等はやはり日本語で案内していただきたい。

「ドバイ半日観光」の工程は①〜⑦まで
①　再度の「ブルジュ・ハリファ」
②　ドバイ・クリーク
　　ドバイの歴史と文化発祥の地ドバイ・クリークは市街中心部を
　　流れる長さ10キロに及ぶ天然の入り江で、別名「ホール・ド
　　バイ」とも呼ばれています。
③　ドバイ博物館
　　1787年に建てられた当初は砦としてウィンズ・タワー（風の
　　塔）が特徴的な建物。ドバイ博物館はもともと近隣民族の侵入
　　を防ぐために造られた「アル・ファヒーディ砦」というドバイ
　　最古の建物を改装したもので、ドバイの歴史を振り返ることが
　　できます。ドバイでは長年、真珠採集がその繁栄を支えてきま
　　したが、これに致命的な打撃を与えたのが、わが国の「真珠養
　　殖事業」だといわれています。日本の丸い綺麗な真珠の成功に
　　より衰退したそうです。
　　クリークの渡し舟「アブラ船」に乗船し、ドバイの運河を移動

します。アブラに乗って見えるデイラ地区（ゴールド・スーク
やスーク・リークを含むホテルやショッピングモールなどの近
代的ビルが建っている）とバール・ドバイ地区（昔の面影を残
す建物）の対照的な両岸の風景を楽しめます。

④　伝統的なスーク（souq）市場へ！
　「スパイス・スーク」
　（香辛料のサフラン、シナモン、セージ、ローズマリー、ドラ
　イレモン、胡椒　カレー等が並んでいます）

⑤　「オールド・スーク」別名テキスタイル・スーク
　デイラ地区から水上バス・アブラに乗って船着場に着くと、す
　ぐ目の前にあります。洋服の布地を扱う店が多いため、別名テ
　キスタイル・スークとも呼ばれます。カラフルな薄手の布地や
　ラメ入りなど、鮮やかな色彩に溢れています。

⑥　「ゴールド・スーク」
　金の専門店が約300軒集まっています。店頭には主に18金・22
　金が置かれ、その日の金のレートにより金額が提示されるとか。

⑦　「ジュメイラ・モスク」Jumeirah Mosque
　2本のミナレット（モスクに付属して建てられる光塔）と浮き
　彫りのある美しい姿のモスク。イスラム教徒以外は中に入るこ
　とができません。

⑧　ブルジュ・アル・アラブ　Burj Al Arab
　ホテルとして世界最高の高さ（321メートル）を誇る、アラビ
　ア船の帆をイメージするこのホテルは全室スイートルーム。5
　日にランチの予約を入れているので楽しみです。ホワイトサン
　ドのビーチでは、ロシア等外国からの観光客が太陽を求めて日
　光浴！　リラックスされていました。

⑨　ドバイ・モール

2008年10月30日に、世界最大のショッピングモールとして開業。店舗は合計1,200店舗が入居。ほかに水族館やアイススケートリンク、ウォーターフロントアトリウム、22のスクリーンを持つ映画館があり、セガの屋内テーマパークや紀伊國屋書店も‼

「ドバイ・モール内の紀伊國屋書店」

「ドバイ紀伊國屋書店」は2008年11月に開業し、店舗の売り場面積（6,000㎡）は紀伊國屋書店の国内・海外店舗中、最大規模であり、シドニー店の倍の広さとか！　また、紀伊國屋書店が中東地域に出店した初の店舗となります。

元シドニー紀伊國屋書店の川上幸弘さんと再会。川上さんには2005年シドニー発南極旅行の"南極大陸の写真"を「シドニー紀伊國屋書店」にて展示していただきお世話になりました。

シドニーで独身だった川上さんは、今や家庭を持たれ1児のパパでした♪　癒しのスポット「KINO CAFE」！　で美味しいコーヒーをご馳走になりながら"愉しいひと時"でした。

■1月4日　UAEの首都・アブダビ1日観光

ドバイから車で約2時間！　UAEの首都アブダビを1日観光します。ヨーロッパからの観光客が多いのでガイドさんは、英語とドイツ語で案内されていました。

① アブダビ～シェイク・ザイード・グランド・モスク
　　真っ青な空に白いモスクが映えて、それはそれはとても綺麗です。モスク内に入る前から大興奮‼　その広さと豪華さにはただただ圧倒されるばかり。女性は、まずアバヤ（肩あたりまで

アブダビ〜シェイク・ザイード・グランド・モスク

を隠す黒い頭巾状の服）を着用しなければ、中にも入れないし、モスク内に入る際は靴を脱ぎます。メインのお祈りの部屋ですが、世界最大のペルシャカーペットだそうです。イランで小さなサイズで作られて持ってきて、つなぎ合わせたそうです。世界最大のペルシャ絨毯。スワロフスキー社のクリスタルをちりばめた世界一大きいシャンデリア。とってもゴージャス!!　迫力のある外観に圧倒され、内部の素晴らしい装飾品は絶品！の世界一のモスクでした。

② ヘリテージ・ビレッジ

アブダビ・シティの中心地にあるビレッジは、ファンタスティックな雰囲気の「カルチュラル・アトラクション、ヘリテージ・ビレッジ」で、アブダビの歴史やベドウィンの人たちの避難所、調理、狩猟道具の複製が紹介されています。

③ マリーナ・モール

マリーナ・モールはアブダビで1位のショッピングセンターです。ツアー一行はここで1時間ほど自由時間。2:30PMに集合

しバスでドバイに戻ります。バスの時間を守らない人が2、3人いましたが「時間に遅れた人はタクシーで帰るように！」とのガイドの一言で皆さん最後は時間までに全員集合。

④　ザ ヤス ヴァイスロイ ホテル（The Yas Viceroy Hotel）
アブダビのヤス島にありF1グランプリが行われる屋根がユニークなデザインの高級ホテルで、ヤス・マリーナ・サーキット（Yas Marina Circuit）内に建てられています。走行するF1マシンがホテル内から見られる設計になっています。トワイライトレース用として、コース全域に照明設備が設置されています。

⑤　アブダビ観光・最後は斬新な建物の歴史館

■**1月5日**　さあ！　今日はあの有名な7つ星ホテル、ブルジュ・アル・アラブのシーフード・レストラン「アルマハラ」（Al Mahara）でランチ♪　玲子さんと現地での待ち合わせ時間は1時過ぎ。

　ホテルのフロント手前でガードマンがチェック！　事前に予約済みの番号を告げ無事到着。エッフェル塔より高い地上321メートルは、ホテル建造物としては最高峰。アラビア帆船をイメージした優雅な外観はその豪華さと品の高さで「7つ星ホテル」と呼ばれています。まさにドバイを代表するホテルでしょう。ロビーに入ったら!!!　ワア～ォ～!!!!　キンキラキン!!　のアッパーロビーです。おしゃれな噴水や水槽に囲まれ、美しい絨毯と、それからそれから24金の柱が林立しています。内部は最上階まで巨大なアトリウム（吹き抜け空間）となっていて、あまりの高さに目がくらくら～。

　予約したのは最も人気がある海底水族館に囲まれたシーフード・レストランの「アルマハラ」（Al Mahara）。数百種類の魚や巨大なサメ、それにあの、ナポレオンフィッシュ！（メガネモチノウオ）

が出迎えてくれます。アメニティーはすべてエルメス〜!!　水槽からの青い光が雰囲気を盛り上げます。

　地階にあるこのレストランへは、エレベーターでゆっくりと時間をかけて海底に降ります。レストランのウェイターは、とてもフレンドリーです。私たちはメインのお肉or魚を選び、デザート＆コーヒーをいただきました。ビールやお料理よりも、この「水族館に囲まれたレストラン」の雰囲気に心地よく酔いしれます♪　そして帰りのタクシーは「ホテル専属タクシー」の艶のある"白パール・レクサス"でした。さすが7つ星ホテルです。

■1月6日　ドバイ砂漠サファリ

　毎朝の朝食はお気に入りのキッチン「THE KITCHEN」にて。午後からいよいよ最後のツアー参加「ドバイ砂漠サファリ」です。

　PM2:30にホテル・ロビー集合!　イタリア人とドイツ人のカップルと私の3人です。ドバイのアクティビティの中で絶大な人気を誇るデザート・サファリ!　市内から車で45分も走ればもうそこは自然が生み出したアミューズメントパーク。

　運転手が冗談ぽく「気分が悪くなった時のために……」と紙袋を出されました。思わず「No, Thank you!」、船ではないので酔いません。

　砂漠の入り口でまずはタイヤの空気を抜きます。これはタイヤの接地面積を増やして砂の中にスタックしないようにするための大切な作業。次にボンネットを全開にし、エンジンを冷やしながら他の車の到着を待ちます。車は続々と集まってきて、全部で50台のランドクルーザーが集結している姿は壮観です。

鷹狩りショーの見物。鷹には勇ましげなカブトを被らせていて、鷹匠（falconer）はなぜか現地の人ではありませんでした。

　急速な発展を遂げ人工的だと思われがちなドバイですが、自然が与えてくれる感動もひとしおです。どこまでも広がる壮大な砂漠！ そんな砂漠をスピード感溢れる、プライベートジェットコースターとでも言いたくなるような4WDでの高速デューン（砂丘）ドライブは、ドバイならではのアクティビティ。砂をすくってみると、驚くほど目が細かくて粉のようにさらさらして冷たかったです。

　初めてアラビアン・ガゼルやアラビアオリックス（ユニコーンのモデル）を見ました！　アラビアオックスはアラビア半島からシナイ半島に生息するウシ科の動物です。長く伸びた2本の角と、太陽光線を反射して暑さから身を守るための白い体が特徴です。

　砂漠のサンセット！　幻想的です。砂漠で夕陽を見た後は、映画のワンシーンのような砂漠キャンプでのバーベキューディナー。キャンプではラクダ乗り、ベリーダンス、水たばこ等楽しめます。

ドバイ砂漠

2000年、来豪前に娘と行ったモロッコの旅以来、2回目に乗る「キャメル」です。

イタリア人とドイツ人のカップルは、ベリーダンス見学用の席を確保してくれて私を探しに来てくれました。お二人はモルジブへ10日間、ドバイで4日間のバカンス中だとか！

砂漠サファリからホテルに戻ると　お部屋には"バースデー・ケーキ"が！　はい、1月6日は私の誕生日です♪　素敵な「誕生日カード♪」と共に届けられていました。「ハイアット　リージェンシー・ドバイ」のホテルは粋なことをしてくれますね〜。ありがとう！　シュクラン！

明日はドバイ発シドニーに戻ります。

■1月7日　機中泊
　午前10:15ドバイ発、直行便　Emirates A380

■1月8日　午前7:00シドニー着
　女ひとり旅♪　ドバイから無事シドニーに戻りました。このたびの「女ひとり・ドバイ旅行」!!　衝撃的なドバイを十分に堪能することができ、元気パワーをたくさん貰ってシドニーに戻ってきました。「旅と出会い」が人生を豊かにしますね!!

　Reiko Cheongさんはじめ、ドバイでのたくさんの"出会い"をありがとうございました。ドバイはみんなが「夢としか思わなかったこと」をどんどん実現させていくところが凄いです。日本も「奇想天外の発想とイノベーションが必要で、遅れている」といわれています。日本の中高生の若者よ、「草食系」の次は「絶食系」（異性自体に関心を持たない男性）という言葉も出てきているそうですが、しっかりお肉を食べて日本を何とかしていただきたいものです。ガ

ンバレ日本！

　街や道路、ホテルには必ず「シェイクさま（王様）」の写真が
飾ってありUAE人は首長家に対する信頼感がとても厚いです。そ
のため、伝統や習慣はよく守られていて、イスラム発祥の地に限り
なくありながら、（イスラム教徒でない）外国人には寛容で違和感
を覚えずに生活できるという環境が「国際都市ドバイ」ですね。中
東というと私たちほとんどの日本人は、テロだ、爆弾というイメー
ジを持ちますが、ドバイでは在住の皆さんや旅行者にとっては「世
界一安全な国」で、かつ「夢見るドバイ＆進化し続ける都市ドバ
イ」の印象でした。

　世界一の超高層ビル828メートルのブルジュ・ハリファと前に広
がる迫力ある「噴水ショー」を見るだけでもドバイに行く価値はあ
ると思います。

シドニー発チリ経由（3泊）ロングステイ in ブラジル！
From Sydney to Brazil via Chile！ 南半球最大のメガシティ、サンパウロでのクリスマス & 2013年を迎えて♪
2012年12月19日〜 2013年1月10日

　2012年5月、ブラジルから世界一周旅行中の友人・シルビア（Sil-via）が、お母さんのマーシア（Marcia）と来豪し、シドニーの「朝子の部屋」に寄ってくれました。8年前、次女と一緒に旅した「南極クルージング」にて知り合った明るいBrazilianのシルビア！
「Asako！　いつ、サンパウロに来る〜？」
「海に小さなビーチ・ハウスを持っている。そこにビールをプレンティー持っていって飲むのよ〜！」
　来豪早々彼女から出た言葉です。能天気な私は、大好きな「海！」「ビール！」その2つのキーワードが「サンパウロ行き」のGOサインを即決したのでした！

　彼女のシドニー滞在中には、もう「シドニー発サンパウロ行き！」のプランができ上がりました。25年前、リオ・デ・ジャネイロの友人宅を訪問した時を思い出しました。街を歩く時にはアクセサリーや時計は外すようにと言われ、雄大なイグアスの滝等観光は最高でしたが、当時、ブラジルはなんとも物騒な国！　という印象でした。

　さあ！　シドニー発チリ経由（3泊）ロングステイ in ブラジルのスタートです♪　From Sydney to Brazil via Chile！　まずはチリ（Chile）へ！

■12月19日　From Sydney to Santiago
　直行便のランチリ航空11:25AMシドニー発（飛行時間は12時間30分）直行のランチリ航空（LA）です。
　9:46AM（シドニーとは11時間遅れのため）、飛行時間12時間30分を経て無事サンティアゴの国際空港アルトゥロ・メリノ・ベニテ

スに着きました。

　アンデス山脈と太平洋とに挟まれたチリは世界一細長い国で、国土は日本の2倍、人口は8分の1ぐらいです。チリの首都サンティアゴは、アンデスの山々に囲まれた盆地、標高520メートルのところに位置しています。

　12月19、20、21日の3泊はグランド ハイアット サンティアゴです。ホテルのジ アトリウム ロビー ラウンジはお気に入り！

■12月20日　半日サンティアゴ市内観光
　13℃。地中海性気候に属するこの地域は、木々の緑が多く昨日の雨で冷気をおびた微風が肌に心地よい。観光はサンティアゴ市内とアンデスアルマス広場の大聖堂（バロック様式と新古典様式の折衷）、大統領府として使用されているモネダ宮殿。グランド ハイアット サンティアゴのあるKennedy Avenue周辺は、モダンなお店が立ち並び、美しいクリスマスのデコレーションをしています。バスを途中下車し、1時間ほどウインドーショッピングを愉しみながら散歩して無事グランドハイアットに戻りました。

■12月21日　サンティアゴ1日ツアー
　途中で昨日同様「TURIS TOUR」の大型バスに乗り換え、各国から来た観光客（総勢20名）と共に1日観光です。ガイドは英語とスペイン語で案内します。

キンタベルガラ・アンフィシアター
　ビニャ・デル・マール市にある「キンタベルガラ円形競技場」。建築家ボルハ・ガルシア・ウイドブロによるbandshell（半円形の野外音楽堂）をシミュレートする、閉じた円形競技場のコロシアム。

15,000人以上の観客の収容人数と、固体コンクリート製です。

フォンク考古学博物館

　博物館の前にはモアイ像が！　博物館から少し歩くとそこには太平洋が広がっています。あの水平線の彼方にイースター島があると思うと感無量ですね！

バルパライソ

　チリ最大の港町の「バルパライソ」は、2003年に「海港都市とその歴史的な町並み」としてユネスコの世界文化遺産に登録されました。市内には、斜面を重力のみによって登り降りするアセンソール（Ascensore）と呼ばれる乗物があります（スペイン語でエレベーターの意味）。アセンソールは19世紀から市民の足として利用されてきました。最も急なアセンソールでは50度を越える傾斜を昇降するらしいです。

「ビニャ・デル・マール」チリ最大の海岸保養地

　チリのアカプルコともいわれるリゾート都市「ビニャ・デル・マール」。サンティアゴから西の海岸に向かって約120キロ、バスで約2時間の所で、美しい海の色と長く続く砂浜は太平洋に面した海岸保養地です。

　このツアーでオーストラリアから来たという方と一緒でした。8年前に行った私と同じコースの「南極クルージング」（ブエノスアイレス経由ウシュワイア港の出航）をされてきたので、ランチ・タイムは南極談議！

　■**12月22日**　いよいよシルビアが待つサンパウロへ!!　午前11

8年前に「南極クルージング」で一緒だったシルビアとブラジルで再会

時、ホテルで予約しておいた車が迎えに来てチリ空港へ！

　ブラジルでの滞在は2012年12月22日～2013年1月9日までの18泊の予定です。「サンパウロ」、人口は1,100万人以上でブラジル最大かつ南半球最大のメガシティ（megacity）！　南半球の経済・文化の中心地です。サンパウロ国際空港からは指定された空港タクシーに乗りますので、一人でも安心です。友人宅のサンパウロ郊外のBairro Jardim（バイホ ジャージン）までは約1時間でした。
　再会！　シルビア！　シルビアお手製のブラジルの家庭料理。もちろん！　ブラジルのビール「ITAIPAVA」で乾杯！7か月ぶり!!　手作りの料理をして待ってくれていたシルビア♪

■12月23日　サンパウロ市内の観光
　今日は2週間前に購入したという彼女の新車シボレーで、サンパウロ市内の観光スポットを案内してくれました。日曜日でラッキー！　街のあちこちでフェイラ（Feira）という路上市場が開か

れています。

　案内してもらったフェイラという路上市場でブラジルの揚げ餃子、パステル（Pastel）も試食してみました。長方形の揚げ餃子のような食べ物で、目の前で具を選んで包んでから揚げてくれます。

サンパウロの大聖堂

　セー広場はサンパウロ市の起源に関わる場所で、その住所はゼロ番地です。そのセー広場に面したサンパウロを代表する荘厳な「メトロポリターナ大聖堂」。二本の高い塔はサンパウロのシンボル。ゴシック様式の美しい建築は、8,000人もの収容人数を誇る大聖堂です。教会の前にはホームレスが。持ち物に気をつけて！　とシルビアから言われ注意しながら歩きました。

　サンパウロ発祥の広場やサンパウロ発祥の地の碑等、サンパウロ市立劇場やお茶の水橋（Viaduto do Cha）を散策。
　ビル街も華やかにクリスマスのデコレーションでした。

「東洋人街」のリベルダージ

　リベルダージ広場では毎週日曜日に「東洋市」が開かれます。リベルダージ（Liberdade）地区には、第二次世界大戦前後より日本人街が形成されていて、中心部を貫くガルボン・ブエノ街の入口に鳥居や大阪橋があり、また、小さな「日本式庭園」が設置され、地区全体の街灯が鈴蘭の形をしています。元々は「日本人街」と呼ばれていましたが、2004年に正式に「日本人街」から「東洋人街」へと改名されたそうです。しかし、そこは中国や韓国とブラジルがミックスされていて「独特の雰囲気」を醸し出しているようでした。

パウリスタ大通り

　サンパウロの金融街の中心地。2.8キロの長さを持ち、金融機関や文化施設の本部が多いだけではなく、広範囲の商業地区があり、ラテンアメリカで有数の質の高さのサンパウロ美術館も存在します。パウリスタ通りの大掛かりなクリスマスの飾り付けもほとんど完了！　多くの人でにぎわっており、行き交う人たちも愉しそう♪

イビラプエラ公園（Ibirapuera Park）

　140ヘクタールに及ぶ広大な公園。60メートルの巨大な「クリスマス・ツリー」（20階建てのビルと同じぐらいの高さだそうです）と「モニュメント」。

■12月24日　クリスマス・パーティー

　今日は親戚一同がシルビア・ハウスに集まりクリスマス・パーティー♪　夜の10時からぽつぽつとシルビア・ハウスに親戚＆友人たちが！　集まった18名の皆さんが持ち寄ったワンサカワンサカの食べ物！　飲み物！　大きなスイカ、ボウル一杯のサラダ、バーベキューにブラジルのお菓子等持参です。ポルトガル語で「フェジョアーダ（feijoada）」というブラジルの代表的な家庭料理も登場です。「眠らない街」ブラジル！　パーティーは朝の3時ぐ

60mの巨大な「クリスマス・ツリー」とモニュメント

らいまで続きます!!　英語が通じるのは2、3人ですが、ポルトガ
ル語の会話はシルビアに訳してもらいながら一緒に愉しんだブラジ
ルの「クリスマス会」でした。メリー・クリスマス! Feliz Natal
(フェリーズ・ナタウ)!　乾杯! Saude (サウージ)!

■**12月25日**　午後から2週間のボネテ・ロング・ビーチへ!「今
日から2週間はビーチ・ハウスで過ごすのよ」とシルビア。2週間
分の野菜や肉類の冷凍食品等と、「プレンティー・ビール」を車の
後ろに詰め込むと、さあ! 2012年から2013年へのビーチ・ライフ
の始まりです♪

ボネテ・ロング・ビーチ (Bonete Long Beach)
　サンパウロから235キロ、車で約3時間30分の目前が大西洋
(The Atlantic Ocean) のビーチです。快適なシルビアの運転で山
を越え海岸沿いをドライブ♪　車をウバトゥバ (Ubatuba) のラゴ
イニャー (LaGoinha) という街に止め、全ての荷物を今度は小船

美しいボネテ・ロング・ビーチ

に積んでボネテ・ロング・ビーチに行きます。

　美しい海岸通りをラゴイニャーに向かって走る夕方6:30頃、ちょうどボートが出る前タイミング良くサンセットの素晴らしいシーンに出会えました！　またまたラッキーでした♪　素晴らしいブラジルのサンセット！

　12月25日〜2013年1月7日までの2週間は、PCも携帯電話もない「ビーチ・ライフ」を堪能♪　のどか。極楽地・美しいボネテ・ロング・ビーチ♪　シルビアの海の家を「little house」と呼んでいます。「little house」の目前はビーチ！

　たとえば、こんな楽天地の日々でした♪　朝7時起床、1キロある砂浜を裸足で散歩！　太陽の陽射しが眩しくなる10時過ぎ、ビーチ・チェアを各自で持って、プレンティーブラジル・ビール「SKOL」と共に目前の浜辺へ！　私はいつもソニー・一眼レンズのカメラ持参です。海の水は温かく泳ぎやすかったです。♪3時のランチは一日中ビキニ姿のシルビアが炭火でバーベキューとサラダ！　私はビーチの「魚屋」で買ったイカで大好きなカラマリ（イカの揚げたもの）を作りました。ツマミは他に貝（マスコース）やマンジョカ（お芋の名前）です。"ブラジル風お米の炊き方"は最初にガーリックをオリーブ・オイルで炒め、そこにお米と沸騰したお湯を入れて炊きます。4時過ぎからハンモックでリラックス！リゾート気分は倍増します！　6時頃開始、ブラジルのトランプ「Rock」というゲーム！

　ビーチでビール三昧‼　シルビアの女友だちが入れ替わりサンパウロから泊まりに来ました。それぞれ会社勤めでキャリア・ウーマン。全員独身を謳歌！

■12月29日 「リト・ボネテ」「ジャーマン・ビーチ」等、丘の
ハイキング・コースを散歩。帰りはボートで戻ります。ヘリコニ
ア・ロストラタ（Heliconia Rostrata）や原産地はソロモン諸島の
レッド・ジンジャー＆淡いピンク系の色をしたデンドロビウム等
熱帯植物が綺麗に咲いていました。

■12月31日
　今日はYear's Eve！　大晦日です。夜は10時からパーティー♪
「カシャーサ」というサトウキビの搾り汁を使った蒸留酒を持参し
て乾杯‼　さあ、12時10分前に目前の浜辺に行こう！　Asakoに
サプライズするよ！　と言われビーチに行くと！　なんとそこは、
まるで「ファンタジーの世界」に足を踏み入れたようでした。南半
球・ブラジルの「ボネテ・ロング・ビーチ」1キロの浜辺一面の
真っ暗闇にキャンドルが何百も置かれ「光」を放っていました。
Year's Eve！　のファンタジーの世界の中で2013年1月1日0時、
みんな抱き合って新年を祝います♪　「ボネテ・ロング・ビーチ」
だけの伝統ある大晦日の慣わしだそうです。

■2013年1月1日　A Happy New Year ！
　明けましておめでとうございます　フェリーズ アノ ノヴォ（Fe-
liz Ano Novo）

■1月4日
　シルビアのビーチ・ハウスで“音楽会”が開かれました。

■1月5日
　夜は近所で音楽パーティー♪

■1月6日

　サプライズ！　夕方、シルビアとマーシアが誕生日を祝ってくれました！　シルビアがサンパウロで事前に買って用意してくれていた「チョコレート・ケーキ」♪　にキャンドルを立て、Feliz！

　Aniversario　お誕生日おめでとう♪♪　と突然歌いだしました！　心遣いが嬉しかったです！　ありがとう！Obrigada！

　海からサンパウロに戻る前日、バッグの底から大事そうな袋がでてきました。中を開けるとなんと！　シドニーから持参した「薬セット」！　大自然の中、毎朝ビーチを裸足で歩き、輝く太陽を浴びながら大西洋を眺める。朝からビール！　薬を飲むのを忘れるのは当然ですよね～。

■1月7日

　朝8：30、小船に乗り2週間駐車しておいた車に乗り、さあ！2週間ぶりにサンパウロに戻ります。

■1月9日　シドニーへ帰国の途へ！

　いよいよ愉しかった「ロングステイ in ブラジル！」とも別れる時が来ました。シルビアは、昨晩は所用で帰宅は11時頃でした。でも私が朝3時30分に起きると、もうすでに起きて朝のコーヒーの用意をしてくれていました。

　早朝4時のサンパウロの空港に向かう車の中、シルビアとお母さんのマーシアがチャオ・アモーレ♪　チャオ・アモーレ♪♪　と歌いだしました。

　愛しい友よ、さようなら♪　また会う日まで……♪

　Tchau！　さようなら　Ate logo！　またね！

「8:05AMサンパウロ発、11:25AMサンティアゴ着」、残雪きらめくアンデスの山並み、サンティアゴ行きの飛行機の窓からは、エル・プリモ（標高6050メートル）などの残雪きらめくアンデスの山並みが迫ります。

■1月10日

　5:35PM、無事シドニー着。1:35PMチリ発のシドニー行きのLAで約14時間の飛行を経て、無事3週間ぶりのシドニーに戻りました。このたびのロングステイを通じて、愉しく有意義な体験を持てたのも、サンパウロの友人シルビアとお母さんのマーシア、そして、たくさんのお友だちのお陰です。ありがとう！ Obrigada！

　彼女を取り巻くたくさんの友人や近所の人たちとの「無償の愛」の"心のふれあい"と、忘れかけていた昭和の古き良き時代が「そこ」にはありました。ブラジルの中で、「日本文化」は確かに存在しています。

　ロングステイ♪の醍醐味はなんといっても自分の足で現地に行き、肌で異文化を感じる「現地での生活体験」そのもの。旅先での未知との出会い、ワクワクする感動！　その感動が旅先で待っている。旅は人生！　そして出会い！

　今年もまたこの旅行で「元気」のシャワーをたくさんいただき、無事お届けできたことに感謝いたします。ありがとう。

ノスタルジア！フィリピン・マニラの旅
From Japan to Nostalgia Trip in Manila Philippines.

2013年6月8日～6月11日

　思いがけなくやってきた「マニラ行き！」、かつて家族と暮らしたフィリピンのマニラ。日本に一時帰国中のある日、フィリピン人のウイマさんからMailが入りました。タイミング良く、前日には「関空発マニラ行き」を何気なく調べていたので彼女からのMailにはびっくり!!　いつもはポルトガルに住んでいる彼女。年1回の来豪時には再会していました。

　「今、どちらのお国？」と私。「メルボルンよ！　来週はマニラに戻って次の週にはポルトガルの家に帰るの！」と彼女。マニラにはシドニーに7年間駐在されていた友人の公文の社長・中塚正氏もいらっしゃる！　そして偶然にもお二人は「グリーンベルト」にお住まいです。チャンスがあれば「お二人がマニラに滞在中」に、我が第二の故郷マニラを訪問したい！　と思い続けていましたから、今飛ばずしていつ飛ぶ？　今でしょう！　になったわけです。引き寄せの法則ですね！

　フィリピンの魅力はなんといっても、笑顔が絶えない「人の魅力」。昔と変わらない陽気でホスピタリティのある国民性は、"おもてなしの心"で溢れています。

■6月8日

　空港で待ってくれていたのはキュートな女性マイラさん。ニノイ・アキノ国際空港（Ninoy Aquino）にお迎えのガイドのマイラさん。早速3泊4日でお世話になる「フェアモント・マカティ」のホテルへ！　友人二人が住む「グリーンベルト」へは徒歩圏内のロケーション！

　懐かしいマカティ市（Makati）へ！　夕方、歩いてホテルに訪ねてくれた、元シドニー在住の友人ウイマさんと再会。

　まずはウイマさんの「グリーンベルト」を案内してもらい、彼女

のユニットを訪問！　テラスから中塚さんの自宅が見える！　彼女の夫（イギリス人）は外交官で、フィジー、サンパウロ、ポルトガル＆シドニーと駐在でした。

　ホテルはマカティ・アベニューとパサイ・ロードの交差点に位置します。マニラは、3キロ以内にアヤラセンター、グリーンベルトショッピングモール、アヤラ博物館があり、「グリーンベルト」は高層ビルが立ち並ぶマカティの中心部で、巨大ショッピングモールや、高級ホテルが集まるツーリストゾーン。このアヤラセンター付近はマニラ市内の中で最も洗練されていて、安全で、清潔な地域です。都会のオアシス「グリーンベルト」は、一休みできるおしゃれなカフェや、雰囲気のよいレストラン、バー等、公園脇では生バンドのオープンエアーのレストランもあり、開放的で、ゆったりと時間が流れる東南アジアのリゾートにいるような気分！　憩いの場としてもお薦めします。

　夕食はGreenbeltの2階にあるレストラン「SENTRO」にて、フィリピンの「サンミゲル・ビール」で再会in Manilaを祝して乾杯！　料理は本場のフィリピン料理をオーダー！　まずは「サン・ミゲル・ビアー」でマブーハイ！（乾杯！）　フィリピンの国民的スープ、シーフードのシニガンスープ！　シニガンはフィリピンのローカルフードで、暑い国ならではの酸味のあるスープです。「Hot chilli prawns」エビをチリソースであえた一品！　ビールのつまみには最高でした！　デザートは「Coconut and lychee sorbet」！

■6月9日
　ウイマさんにマカティ市のベラスケスパーク「Jaime C. Velasquez Park」での路上市場に案内してもらいました。ベラスケス

パークのフェスタ！
「ブタの丸焼」（レチョン・バブイ）、「牛の丸焼き」（wholly Cow！Lechon Baka）、「綿菓子」&「太鼓焼き」等が、所狭しと並んでいます。懐かしい綿飴！ cotton candy、「今川焼き」「太鼓焼き」。

　牛の丸焼き「wholly Cow！Lechon Baka」。Bakaはタガログ語で牛の意味。ラッキーなことに、フィリピン文化の魅力で外せない「フィエスタ（Fiesta）」が催されており、色とりどりの民族衣装でのダンスを"陽気なフィリピン人"に混じって、思いっきり「お祭りの文化」を体感できました。

　フィリピンは7107の島々とそれを囲む太平洋の豊かな自然がいっぱい！　でもフィリピンの魅力はそれだけではありません。約300年間にも及ぶスペイン統治の影響を受け、東南アジア唯一のキリスト教国であるフィリピン。「東洋のバチカン」とも呼ばれるこの国には、文化・言語・宗教など日常生活の様々なシーンで今もスペインの香りが色濃く残っています。会話も英語からスペイン語に、気が付けばいつの間にか変わっている、そんな他の東南アジア諸国とは違った文化にも魅せられます。

　その後、ウイマさんとのランチはグリーンベルト内の日本レストラン「KAI」にて！

　夕方からは中塚さんに、懐かしいマニラ湾を横目に幹線道路のロハス・ブルーバードをドライブでマラカニアン宮殿&マニラホテル等ガイドしていただきました。マラカニアン宮殿といえばイメルダ夫人を思い出します。未だに3000足を超える靴と、6000着以上

のイメルダ夫人の服が残されたといわれます。当時40代の夫人を目前で拝見しましたが、色が真っ白でとても美しい方でした。2012年、開業100年を迎えたマニラホテル（アメリカ統治時代に建設されたホテル）は、コロニアルホテルとして楽しめ優雅な雰囲気に浸れます。17〜18世紀にイギリス・スペイン・オランダなどの植民地に発達した建築・工芸の様式。マニラホテルには歴史的人物が大勢泊まっていますが、その最たる人物はマッカーサーで、彼の宿というより住居だったとか！

　夕食に案内していただいたのはユニカセ・レストラン（uniquease Restaurant）。当日、オーナーの中村八千代さんはあいにく出張でお目にかかれませんでしたが、明治大学経営企画部広報課が発行の「Meijin 世界で活躍する明大卒業生たち」Feel the MEIJI Spirit!! に登場の社会起業家の中村八千代さんに感動！
　フィリピンで青少年を雇うレストランを経営、恵まれない子どもの自立を支援されています！　現在はフィリピンでユニカセ・コーポレーションを立ち上げ、このように恵まれない青少年が働くレストランを運営されています。

■6月10日
　午前10:00過ぎから予約しておいたガイドのマイラさん。

「Bel Air 2」のヴィレッジ！　4年間、家族4人と二人のメイドと一緒に暮らした「元わが家」へ！　いよいよ「Bel Air 2」ヴィレッジ内へ！　Bel Air 2「CONSTELLATION ST.」の標識が見えた！　このビレッジは入門管理が大変厳重で、家への訪問は家主の名前をいわなければ中に入れません。事情を話すとずいぶん待たさ

れましたが「判りました。Police Motor-cycle（白バイ）が先導しますので、その後をついてきてください。自宅の写真は撮らないように！」とのこと。樹が必要以上に伸び、道幅が狭く感じる道路は昔の面影はまったくなく、老朽化したビレッジの中をゆっくり走ります。見えてきました！「20 CONSTELLATION ST.」の標識が！！はい、そこを右へ!!　16、18、20、あ、ありました！　が、昔の家はない！　新しく鉄筋の2階建てに変わっていました。そして後ろには高層ビルが！

　今もマニラを想う時、かつてのわが家の庭で、あのヤシの木とパパイヤの樹の下でクックメイドのビッキー、ウォッシュメイドのベティ、ファミリードライバーのルーベンと一緒にカメラに撮った当時3歳と5歳の娘たちがいます。

　その後、マニラのランドマークとも言えるメトロポリタン美術館、リリール公園、マニフ大聖堂＆サン・オウガスチン教会と、案内してもらいました。

「フォート・ボニファシオ」と「アメリカン・セメタリー」。30代のマニラ駐在夫人の時には、そこはゴルフ場でした。練習場もありました。マカティ市の商業施設アヤラセンターと、エドサ通りを挟んで反対側に広がる最高級住宅ビレッジ「フォルベス・パーク」のマッキンリー通りを上り

リサール公園（フィリピンの国民的英雄のホセ・リサールが処刑された場所で、地下には彼の遺体が葬られています）

きったところに高層ビルが立ち並ぶ「ボニファシオ・グローバル・シティー」が見えてきます！　フィリピン国軍の基地跡地を民営化、その後再開発して生まれたフィリピン最先端の都市になっています。新しい街BGC「ボニファシオ・グローバル・シティー」！　前回訪問時のわずか15年前まではうっそうと原生林が生い茂る「ボニファシオの森」でした。基地跡の再開発は1995年1月、ラモス元大統領が推進した国有地転用計画の一環として基地内の土地214ヘクタールを民間企業に売却したことから始まったそうです。それ以降、ナラやマホガニーなど熱帯樹の大木が切り倒されて整地され、そこに巨大な高層ビルが建てられて、まっすぐに延びた道路には街路樹が整然と植えられ、かつての森は姿を消して一大新興都市へと生まれ変わっていったのです。

　マニラから帰国してかれこれ30年余りになります。その間3回訪ね今回が4度目の訪問になります。前回は来豪前で、もう15年前になりますので、その間のマニラの変貌は凄まじいものがあり、そこには昔、ゴルフ後に「カラマンシージュース」や「ライムジュース」を飲んで友人たちと愉しく歓談した想い出がありますが、その「想い出」さえ、切り倒されたようで昔の面影はまったくありませんでした。

　また隣接する広大な場所に「アメリカン・セメタリー」という場所があります。そこには第二次世界大戦中、フィリピンでの戦いで命を失ったアメリカ人兵士やフィリピン人兵士たちの何万という数の十字架の墓が整然と並んでいます。ここからも「雄大な高層ビル群」が見えていました。

　夕方、ウイマさんが「さようなら」の挨拶にホテルのロビーに来てくれました！　明日の飛行機で今度は「ポルトガルの家」に戻れます。半年間は「ポルトガル暮らし」のウイマさん。次回は真夏の

クリスマス！　シドニーでの再会を約束して！

　夜 Bel Air,Makati Cityのスペイン料理店「LA TIENDA」。スペイン料理のほかに「LA TIENDA」にはいろんなお土産品もあります。食後、マニラの最後の夜は、懐かしいザ ペニンシュラ マニラ（The Peninsula Manila）のロビーへ！　「ペニンシュラ・ホテル」の「マルガリータ」！　それは、私にとっては懐かしい"マニラの香りと想い出"のカクテル。今でもマニラを想い出すと胸キュン！状態になります。マニラの想い出、それはマルガリータのカクテル！　このたび、念願叶って訪問できた「ノスタルジア・マニラの旅」！

　中塚さん、ウイマさん、そしてガイドのマイラさん！　おかげさまで大変愉しい有意義な「マニラ訪問」ができました！　ありがとうございました！　厚くお礼申し上げます。
　マラーミンサラマッポ（Maraming salamat po.）

マニラの想い出・それはマルガリータのカクテル!

シドニー発ケアンズ経由世界遺産の「フィッツロイ・アイランド」Fitzroy Island

2013年10月19日～10月23日

　ボンダイで暮らす長女が日本に一時帰国することになり、久し振りに送りがてらケアンズ近くに浮かぶ念願の「フィッツロイ・アイランド」に飛んでみました！　ケアンズ発フィッツロイ島へ！　世界遺産のフィッツロイ島へはケアンズからフェリーで45分！　珊瑚礁と熱帯雨林を同時に体験できるこの島は、シュノーケリング＆ダイビングで水中世界を堪能できるマリンスポーツだけでなく、ブッシュウォーキングやバードウォッチングも楽しめます。そうそう、イカ釣りもできます！　というわけで海と山が同時に愉しめるアイランドです。

4泊5日（ケアンズ1泊含む）のプチ・バカンス!!

　私たちが泊まったフィッツロイ アイランド リゾートはフィッツロイ島にあるグレートバリアリーフ海岸に位置するホテルで、2010年にリニューアルオープンをしました！　すべての部屋は家具付きで窓からはすばらしい海の景色を見ることができます！　島ではダイビング、スイミング、釣りなど多くのウォーターアクティビ

フィッツロイ アイランド リゾート

ティーを楽しむことができます。またこのホテルでは近くの観光名所をガイド付きで見てまわれるツアーを申し込むこともできます‼
　いざ！　シュノーケリング！　マリン・スポーツで遊ぶ！　グラスボトム・ボートでサンゴと魚をウォッチ！

ヌーディー・ビーチ

　ホテルから、徒歩30分ほどで美しい手付かずの自然が残された「ヌーディー・ビーチ」に着きます。ここへは大きな岩がゴロゴロした熱帯雨林の中を歩いていきますが、木の陰から漏れてくる陽射しが心地よい！　散歩にちょうど良い距離でした。真っ青な空！透明感のある紺碧の海！　美しいサンゴのかけらでできた白砂！癒されます、誰もいない海。まるで絵画のような景色！"私だけのヌーディー・ビーチ"を満喫できました！

　朝食＆ディナーはホテル内、唯一のレストラン「Zephyr」。リゾート雰囲気のある環境で、朝は心地よい微風での食事を堪能！

私だけのヌーディー・ビーチ！

夜も美味しくいただきました！

　ランチはホテルから少し離れた「Foxys Tavern」のカジュアル・オープン・レストランでいただきます！

熱帯雨林トレッキング
① 「サミットトラック」　リゾートから4.4キロ（往復）　標高269メートル　徒歩約180分（往復）
② 「ライトハウス・ウォーク」　リゾートから3.6キロ（往復）　徒歩約120分（往復）
③ 「シークレットガーデントラック」　リゾートから約1キロ（往復）　徒歩約40分（往復）

「National Park」入口初級コースを散策！　その他、娯楽設備も揃っています。

　2000年の来豪以来、南太平洋クルージングをはじめ、フィジー、ハミルトン島、ヘイマン島、ロード・ハウ・アイランド、ウィルソン島＆ヘロン島等、美しい島を訪ねています。今回の「フィッツロイ島」はオーストラリア人はじめヨーロッパからの家族連れが目立ち、ケアンズから日帰りでも気軽に訪れることができ、リゾート気分を十分満喫できますのでお薦めいたします！

女4人旅 in「おフランス」！
第1弾！ ノルマンディーとブルターニュを行く「おフランス」

2014年7月1日〜7月10日

シドニー在住の友人ご夫婦がフランスのルーアンで暮らすことになりました。偶然にもフランス行き希望の4人（シドニー在住）のメンバーが揃い、私のフランス旅行のチャンスがまたやってきたのです！ ラッキー！

旅行の日程は、シドニー発ドバイ経由でパリ着後、まずは、なんといっても友人が在住しているルーアンに直行です（4泊）！ そしてモン・サン・ミッシェル（2泊）、サン・マロ（2泊）＆パリでは「7月14日の100年記念・パリ祭」を本場パリで迎える！ と決め、10日間を「パリで暮らしてみたら！」の体験をします。こうして20日間の「おフランス・旅の日程」が決まりました！

■1日目 7月1日　機中泊

旅のスタート！ まずは、シドニーのエミレーツ航空ラウンジでの「ウエルカム・シャンパン！」で、乾杯！ 4人で良き旅のスタートを祝いました！ 素敵な旅の予感！ さあ、これから「ドバイ」で乗り継ぎ後パリまでの21時間40分の快適・空の旅が始まります！

■2日目 7月2日　パリ着！　タクシーでルーアン「ROUEN」へ
ホテル＝メルキュール「Mercure Rouen Centre Cathedrale」4泊

21時間の飛行を終え1:30PMに、無事、肌寒いフランス・パリシャルル・ド・ゴール国際空港に到着！ 空港にはドライバーがプラカードを掲げてお迎え！ ルーアンに向けてイザ出発!! 4人分のスーツケースと共に1時間40分のドライブです！ 夕方、ホテルに会いに来てくれた友人Katoriさんと嬉しい再会！ お世話になりま〜す！

1898年創業のレストラン「Brasserie Paul」にて食事

「Brasserie Paul」レストラン、再会inルーアン！　皆で、シードル（リンゴ酒）で、乾杯！　シードル（cidre）とは、リンゴを発酵させて造られるアルコール飲料です。フランス北部にあるノルマンディー地方の気候は、ブドウの栽培には適さないため、ワインは造られていません。その代わりに、特産のリンゴを使ったお酒が造られ、その代表と言えるのが発泡酒のシードルとのことでした。

■3日目 7月3日　ルーアン市内観光散策

　午前中は「Muson River 1894」のプティ・トラン（Le Petit Train）に乗ってルーアンの市内観光。そういえば、かつて、遠藤周作氏が留学時にホームステイしていた街ですね！　この街では、石の遺産、木骨組み、輝く石畳などが、人々の心を惹きつけると同時に、グルメの心をも魅了します。

　ランチはサン・マクール教会の近くレストラン「La Creperie du Pere Adam」。シードルとガレットの美味しいお店を案内していた

ルーアンの街を走る観光用プティ・トラン

だきました！ そば粉のクレープ「ガレット」は、ブルターニュ地方の郷土料理です。ご夫婦でされているこの店のガレットは素朴で美味しい。ビールとシードルで乾杯！

午後はルーアンを散策。

夜は、ホテルから徒歩15分のミシュラン一つ星のRestaurant LA COURONNEへ！ 窓にはお花いっぱいのその素敵なレストランRestaurant LA COURONNEは、ジャンヌ・ダルクが処刑された広場に面する一等地にあります。13世紀創業の老舗で、鴨料理で有名です。世界の有名人の方々もたくさんお越しになっているとか！ 世界のセレブの方々の写真やサインが階段や廊下に所狭しと飾られています。料理はかなりクラシックでヘビー！ 重厚な雰囲気は十分愉しめます！

食後の帰り路、タイミング良くノートルダム大聖堂の23時からの「光と音のショー」に出会いました！ まさに真夜中の絶景！光と音のショーです！

私たち4人が住んでいるオーストラリア・シドニーに於いても、今年5月後半〜6月上旬にかけての17日間、冬の風物詩！ 光と音楽の祭典「ビビッド・シドニー」が開催されました。オペラハウスや現代美術館、カスタムズハウスなどの建物をスクリーンに見立て、3Dマッピングで次々に映し出される美しい光のアートでした！

■4日目 7月4日 モネの家と庭園 (Fondation Claude Monet) ！＆2つ星レストラン「Gill」へ

モネの家と庭園観光のジベルニー (Giverny) には、ルーアン (Rouen) から列車でヴェルノン駅 (Gare de Vernon) 下車、駅からバスで15分ほどです。クロード・モネの家と庭園の観光ノルマンディー地方の入口に位置するジベルニー村には印象派絵画の巨匠

クロード・モネが晩年を過ごした家が今もそのままあり、4月〜10月末までの間、公開されています。広大な庭に植えられた季節折々の美しい花々……手入れの行き届いた素晴らしい庭園です！　日本びいきのモネが作った日本風庭園のその池に浮かぶ睡蓮。モネの庭園には昼前到着がお薦め！　幻想的な睡蓮の花が咲き始めます！あの名作「睡蓮」のモデルとなった実際の風景を見て！　歩いて！体感できて！　感激です！　ダイニングルームの壁を飾る莫大な数の「浮世絵画」には圧倒されます。

　夜はノルマンディー地方を代表するフレンチの輝く星・レストラン「Gill」へ！　ミシュラン2つ星のGillは、ルーアンやノルマンディー地方の特産物をふんだんに使ったお料理が特徴で新鮮で美味しい海産物の数々やリンゴや乳製品で有名だそうです。「Traditional French Cuisine」と書いてありますが、お料理はモダンで新しい感じ！　重たくなくて繊細なお味でとても美味しかったです！「日本にも支店がありますのよ」とおっしゃったシルビーさん。一時帰

モネの名画「睡蓮」で描かれた池

国時には、関西の「メゾン・ド・ジル 芦屋」（Maison de Gill Ashi-ya）にもぜひ行きたいものです。

■5日目 7月5日

　レンタカーで古い漁港の街「オンフルール」（Honfleur）へ‼　5人で日帰りドライブです！　オンフルール。小雨降る港には船やヨットが係留され、港町特有のひなびた雰囲気が漂います。漁港の雰囲気が漂うレストラン街、名物のお鍋に入ったムール貝のお味は格別！

　フランス最古、最大の木造「サント・カトリーヌ教会」EGLISE St. CATHERINE。
　木組みの家が立ち並ぶ古い街で、「地金通り」にサント・カトリーヌ教会はあります。天井は船底をひっくり返したような独特の造りになっています。

■6日目 7月6日

　ルーアンから世界遺産のモン・サン・ミッシェル（MONT・ST. MICHEL）へ！　ルーアンからレンタカーで移動する今日、滞在ホテル近くの「ドゥ ラ カテドラル」にて朝食！「Hotel De La Ca-thedrale」は歴史的中心部のルーアン大聖堂の裏手にあり、建物の正面は17世紀の木組みのデザインになっています。ビュッフェ式朝食は、伝統的なノルマン様式の装飾が施された暖炉付きの朝食ルームでいただきました。
　快適なレンタカーでのドライブ！　高速道路A13→A84を走って約3時間！　無事サン・マロ湾上に浮かぶ世界遺産のモン・サン・ミッシェルに到着。モン・サン・ミッシェルが見えてきまし

た！　ヤッホー‼

　モン・サン・ミッシェルの島内ホテルに泊まる私たちは、島から約2.5キロ離れた対岸の駐車場にレンタカーを止め、そこから無料のシャトルバス「ル・パサー」に乗ります。バスを降りて島内までは約20分間の遊歩道！

■7日目 7月7日
　世界遺産のモン・サン・ミッシェル修道院見学、島内散策！

■8日目 7月8日
　英仏海峡を臨むブルターニュの港町「サン・マロ」へ！　バス移動。

■9日目 7月9日
　フェリーでDinard（ディナール）へ。

■10日目 7月10日
　いよいよ10日間のパリ「アパルトマン暮らし」！　夜はエッフェル塔のレストラン「Le Jules Verne」へ！

女4人旅 in「おフランス」！
第2弾！ パリ祭100周年！ とパリを暮らす

2014年7月10日〜7月20日

■10日目 7月10日

いよいよ10日間のパリ「アパルトマン暮らし」！ 夜はエッフェル塔のレストラン「Le Jules Verne」へ！ 15区のBir-Hakeim（ビル・アケム）のアパルトマンに10日間滞在。

サン・マロからTGVで約3時間！ パリ到着！ さあ！ いよいよパリの「アパルトマン暮らし」に入ります。旅の日程が決まった1月末には、早速紹介していただいていた「パリ高橋さん」とのMail交換が始まりました！ おかげさまで運よくエッフェル塔近くの、清潔で素敵な「4人用のお部屋」の予約が取れました！ ラッキー！ ビル・アケムのアパルトマンは、綺麗な近代建築の5階（日本の6階）、エレベーターあり。お部屋の広さは68㎡あります。大型冷蔵庫、洗濯機、食洗機、40インチの大型TV、CD、DVD可能。電話は日本を含む世界64か国の固定電話への通話が無料、インターネットは無線LAN可能。電子レンジ、炊飯器、その他調理道具、鍋、食器など生活用品はほとんど揃っています。そのパリのアパルトマンのドアを開けると！オーナーのフランス人の方が世界旅行で集められた「スノードーム」が所狭しと棚にいっぱいにデコレートされていて、数えたら500個以上ありました！

夜は、エッフェル塔の第2展望台内（地上125メートル）にあるミシュラン1つ星レストラン「Le Jules Verne」へ。M・Spain さんは、

美しくライト・アップのエッフェル塔

フランス人のお友だちMinouさんと15年ぶりのご対面です!! 彼女も一緒の愉しいディナー!

■11日目 7月11日　世界遺産のヴェルサイユ宮殿と庭園

ヴェルサイユ宮殿

　初めて電車でヴェルサイユ宮殿へ! 電車の中は、すでに世界からの観光客でいっぱい! 終点Versailles-Chateau駅で下車し、宮殿までは徒歩10分ほどでした。インフォメーションでチケットを買い、「日本語オーディオガイド」を片手に宮殿内を回ります。各部屋の番号を押すと説明が流れる便利なシステムになっています。庭園&離宮のよく手入れされた広大な緑地帯を散歩、最後はプティ・トランに乗って戻りました。

　アパルトマンに戻って、フランス語も堪能でパリに詳しい藤本統紀子さんに電話で「只今パリです」を報告です! 日本では、只今来週7月16日（水）と17日（木）に開催の「巴黎祭〜サンケイパリ祭〜」のリハーサルでお忙しいとのこと! 藤本義一ご夫妻とご一緒させていただいたスイス&イタリア旅行は、もう8年前になります。統紀子さんに「New凱旋門」や世界的に紅茶で有名な「マリアージュ・フレール」本店を紹介していただきました! 来年の一時帰国時には、ぜひ「藤本義一氏の記念館Giichi Galleryをお訪ねします!」と伝えてパリからの電話を切りました。

　今回で3回目のパリ訪問ですが、それにしてもスモーキーなこの香り? 匂い? 空気は? 煙草!! まず、フランスでは18歳未満の、学校内での喫煙も禁じられています。16歳未満を受け入れる学校での喫煙も禁止です。しかし、しかし! それ以外では喫煙

に年齢制限はないのですって‼　オーマイ・ガー！

■12日目 7月12日　パレ・ロワイヤル（王宮）、バザージュ、リド観劇

　今年2月、東京で開催された日本旅行作家協会の「写真展」で南極大陸の2点の写真を展示していただきました。展示会場の同じ並びに"パリの散歩道"と題して協会の専務理事・中村浩美氏の作品「パサージュ」と「パレ・ロワイヤル」の2点の写真が、なんとも素敵な雰囲気を醸し出していました。初めて知ったパリの「パレ・ロワイヤル（王宮）」や「パサージュ」。科学ジャーナリスト、航空評論家、キャスター、トーク・コーディネーターと大活躍の中村浩美氏は「パリ・パサージュ巡り」と題して講演もされています。早速「講演内容」もシドニーのMailに添付していただき、シドニーでパリ行きの学習が始まりました！　パサージュの正式名称は「パサージュ・クヴェール passage couvert（ガラス屋根で覆われたパサージュ）」。フランス語で道と道を結ぶ「通り抜け」を意味し、「通過」や「小径」と訳されるそうです。雰囲気はかなり違いますが、日本で言うところのアーケードの商店街のようなものでしょうか。

　メトロを上がった場所がルーブル美術館です。「パレ・ロワイヤル」（王宮）は、その北隣に位置します。敷地内にある「カルーゼル凱旋門」の前には女性のスリが！　要注意！　手にアンケート用紙を持っています！

　散策していると日本の「ラーメン通り」に来ました！　今、パリでもラーメンがブームのようですね！　シドニー周辺でも数年前から大人気で、現在ラーメン店は40〜50店舗あるそうです！　お値

段は、シドニーと同じ約1500円前後します。味は日本&シドニーと同じぐらい美味しいです！

中村浩美氏のお薦めの「パサージュ」行ってきました！　一つ目はパサージュ・ショワズール（Passage de Choiseul）。約190メートルの回廊が続く、パリ最長のパサージュです。カジュアルな服を購入！

アパルトマンの帰り道、フランスのビール・クローネンバーグ「1664」で一休み！＆お花とバゲットも買って「おフランス」してみました！

夜は「リド（Lido）」観賞♪　やはり「おフランス」に来たらコレを見なくては！　夜はシャンゼリゼ大通りに面する「リド」観賞♪　ステージは、ダンス、マジック、アイス・スケート等さすが！　スペクタクルな舞台シーンが楽しめます！　1150席のパノラマ・ホールは、世界の観光客で満席でした！

■13日目 7月13日
オランジュリー美術館、オルセー美術館、モンマルトル

オランジュリー美術館（Musée de l'Orangerie）は、コンコルド広場の近く、チェイルリー公園の一角にあり、代表作品はモネの『睡蓮』。昨年、一時帰国時にも京都で「モネの展示会」を見に行きましたが、ここオランジュリー美術館の2部屋を占める部屋は円形で周囲を囲むように展示されており、高さ2メートル、全長約13メートルの大作の『睡蓮』は必見です！

続いてオルセー美術館。ルノワール、モネ、マネ、ゴーギャン、

ゴッホなど著名画家の作品が一堂
に集結し見ごたえたっぷりです。

　オルセー美術館を出ると雨も上
がり、予定を繰り上げ地下鉄でモン
マルトルへ！　雨上がりのモン
マルトル！　多くの観光客でいっ
ぱいです！　まずはモンマルトル
の目玉、サクレ・クール寺院へ！
最寄り駅はメトロ2号線のAn-
vers（アンヴェール）。坂道になっ
ているステンケルク通り（Rue
de Steinkerque）を入り、そのま
ま階段を上るとサクレ・クール寺

観光客で賑わうモンマルトル！

院が見えます。サクレ・クール寺院へは行きは階段で上りましたが
150段はあったでしょうか？　階段を上がると美しいパリを一望でき
き、疲れも吹っ飛びますね！

　なぜか「モンマルトル」は母を想い出します。一緒に石段に座っ
てパリの街を一望したことが、つい先日のようですが……。あれか
ら30年が経ちました！

　帰りは「フニクレール」と呼ばれるケーブルカーで下車。この
ケーブルカーは、メトロ共通の切符で乗り降りできます。ステンケ
ルク通りは、おみやげもの屋さんがいっぱい並んでいて、まるでこ
こもフランスの「有馬温泉」の雰囲気です！

■14日目 7月14日
「パリ祭」100周年！を本場のパリで迎える！　新凱旋門、ユニクロ

「パリ祭」とは、フランスで「le Quatorze Juillet キャトルズ・ジュイェ」と呼ばれる、「フランス革命記念日」（7月14日）のこと。日本でパリ祭と言うと、シャンソンの祭典を思い浮かべる方が多いと思いますが、本場フランスの「パリ祭」今年は100年記念！シャンゼリゼ大通り（コンコルド広場から凱旋門の全通り）で、第一次世界大戦開戦100年を記念する軍事パレードが行われました。毎年恒例の軍事パレードの拡大版で、当時の参戦国など80か国が招待され、フランス軍を中心に約3700人が行進。日本からは陸上自衛隊中央即応集団の隊員3人が参加し、日の丸を掲げて行進されたとか！　軍事パレードの様子や大迫力の戦車！　迫力ありますね！　残念！　人だかりで見えな〜い！　私は前の人のスマホに映る映像を見ていました！

　100周年の「パリ祭」！　ハイライトはエアーフォース！　突然、頭上に戦闘飛行機《エアー・フォース！》が!!　ごう音と共にフランス国旗の青、白、赤の配色のトリコロールの煙を、たな引かせて空をかき分けて飛んでいく！　オゥ！　凄〜い！　絵ハガキにしたいようなショット！

ラ・グランダルシュ（新凱旋門）
　カルーゼル凱旋門とエトワール凱旋門の延長線上にある巨大建造物。都市再開発計画の一環として1990年に完成したこの建物はこのラ・デファンス地区のランドマークとなっています。エトワール凱旋門の2倍もの大きさがあります。凱旋門のあるCharles de

Gaulle Étoile駅からメトロ①号線で終点のLa Defenseまで10分ほどです。周辺には開発地区にふさわしくショッピングモール「les 4 temps」があり、日本の「無印良品」や「ユニクロ」のお店もあり、他にレストラン等200店以上入っています。

　夜は、エッフェル塔のハイライトの花火。フランスの夜は明るくて長い！　22時30分頃にアパルトマンを出て、歩いてすぐのエッフェル塔へ！　人混みの中、目前に陣取るとすでにオペラの唄声が♪　またまた人だかりで顔は見えませんが、オペラ歌手の唄声がすぐそばから聞こえる♪

　ライト・アップされ美しく輝くエッフェル塔！＆花火打ち上げ開始は、23時から約40分間です！　エッフェル塔を囲むように放たれるダイナミックな打ち上げ花火は一見の価値あり！　迫力満点でした！　花火は毎年テーマが変わり、第一次世界大戦100周年にあたる2014年のテーマは「戦争と平和」。

■ 15日目　7月15日

　セーヌ川クルーズ、両替のため金融街へ、「凱旋門」に上る。メンバーのY・ヴィッキーさんは、今日は一人でイタリアは「ベニスへ日帰り観光」です！　簡単に、「ちょっとそこまで！」のヨーロッパ圏内でならばこその「ベニス行き！」ですね！

セーヌ川クルーズ

　アパルトマンの近くのエッフェル塔のそば、アルマ橋から出航しセーヌ川を航行しながら、河岸にたたずむパリの観光名所を1時間かけて遊覧です。心地よいパリの風に吹かれて〜。

エトワール凱旋門へ！

　エトワールの凱旋門は、1806年に着工し、完成したのは1836年で、高さは49.54メートル、横44.82メートルで中央アーチの高さは29.19メートル。シャンゼリゼ側から見た凱旋門で、中央アーチの左側と右側には素晴らしい浮彫りが！　螺旋階段は、時計回りです。なんでも敵に攻め込まれた時に下から攻める敵は螺旋軸がジャマになり右腕がうまく使えないのと、防御する側に左半身をさらけることになり、上で防御する側にとり有利なことから時計回りになっているとか！　なるほど！　私たちは階段しかないと思い、30メートルほどを頑張って上りましたが、エレベーターもあったようです。屋上からは12本の大通りが放射状に延びる「パリのパノラマ風景」を楽しむことができます。

■16日目 7月16日　ノートルダム寺院へ　スリとの遭遇‼

　今日からM・グリーソンさんとY・ヴッティさんのお二人は「スペインの旅」へ出かけました！

　ノートルダム寺院横のお土産店の中、誰かがぶつかってきましたが、その時は気が付かず、支払いの時ショルダー・バッグを見たらファスナーが開いていた！　ヤラレタ‼　と思ったがすでに遅し！昨日両替したユーロと残金が！＆日本のVISAカード！

　即、アパルトマンに戻って、日本に連絡しカードのストップ！シドニーのHISのW・Iさんへ連絡すると旅行損害保険請求のため、「警察署の証明」が必要ですとのこと！　7月のフランスは肌寒く、14℃〜20℃。常に薄いコートを着ていたのでショルダー・バッグもコート内に掛けていました。が、この2、3日前から夏日和になり日中は30℃！　ショルダー・バッグも表に現れた！　スリに

とっては好都合な夏が来たのです！　そういえばメトロ内でも、日本語で「スリに気をつけてください！」と、毎回、毎回アナウンスしています！　スリの犯人は「ロマ」という民族で、多くはブルガリアやルーマニアからフランスにやってきているらしいです。ほとんどが若い女性で、3、4人で一緒に行動しています。

■17日目 7月17日

　マレ地区の「マリアージュ フレール」Mariage Freres 本店へ。
　バスティーユ広場近くの警察署へ！
　アドレスは「Mariage Freres Le Marais」30 rue du Bourg Tibourg 75004 Paris.行ってきました‼　アパルトマンからメトロ10番線、5番線に乗り換え＆9番線に乗ってサン・ポール駅（Saint-Paul）下車、徒歩10分ぐらいです。パリのマレ地区にこのお茶の専門店を開いたのは1854年。150年以上にわたり、マリアージュ フレールは、その伝統を守っています。現在では、世界35か国から約500種類以上に及ぶお茶を厳選し用意されているそうです。いただいた「MARCOPOLO」のblack teaは中国とチベットの花と果物が、お茶に特別な芳香を与えた計算し尽くされた香り‼　特に日本人には一番人気だそうです！　人気があるのが納得です！「マレ地区」はゲイの街！＆トレンドとファッション、カルチャーの発信地でもあり、歴史を感じさせられる美しい街並みです。パリで毎年行われるゲイ・パレード（ゲイ・プライド）、2014年は6月29日（日）に開催されたそうです。シドニーでも「シドニー・マルディグラ」といって、毎年2月から3月にかけて3週間余にわたって催される、世界最大規模のゲイ／レズビアン・カルチャーの祭典がありますね。
　パリの警察署はメトロのBastille駅！　この「マリアージュ フ

レール」のお店がある次の駅だと気が付き、人に聞きながら探して行ってきました！「警察証明書」がなければ保険もおりませんから！　メトロの「Bastille駅」を上がったら「オペラ・バスティーユ」という、ガラス張りのモダニズム様式の素晴らしい建物があります！　『ノートルダム・ド・パリ』Notre-Dame de Paris（『ノートルダムのせむし男』）とPRされています。バスティーユ広場の広場中央には、「革命の記念柱」が立っています。橋に沿って歩いていくとありました！「BOULEVARD BOURDON」警察のアドレス！　警察署は混雑していると聞いていましたが、午後の4時頃は誰もいなく、受付でスリに遭ったことを告げるとレポート用紙に氏名、住所、TEL、Mailアドレス、スリに遭った場所、スリの人種、髪の毛、背の高さ、体格等、記入すること3ページ！　書き終わったら、今度は事情聴取で別室へ案内されました。若い綺麗な、たぶんフランス人女性。チェックした私の報告書を見ながら、そして時々英語で質問し、英語とフランス語でタイプに打ち込みます。その間、約1時間で終了！　最後に書類にサインをして無事「警察の証明書」をいただきました！　ヤレヤレ。それにしても、花の都パリ！は、「スリの都パリ！」。どうして厳しく取り締まらないのでしょうか？　見て当然の「スリ軍団」もいるのに！　お巡りさんも、現場を捕えないとダメなのでしょう！　花の都パリ！は「スリの都パリ！」ですね!!

■18日目　7月18日
散歩とM・Bleuでコーヒー・タイム
高橋育子さんにインタビュー！　パリ事情

　朝は最後のパリの散歩！　ここもN・KATORIさんのお薦めの、

エッフェル塔を眺めながらお茶ができる「MONSIEUR BLEU」
へ！　アドレスは20, av de New-York 75116 Paris アパルトマンか
ら歩いて30分の散歩道！　セーヌ川にほど近くエッフェル塔の正
面に見える、パリで最も美しいテラスの一つと言えるテラス（650㎡）
があり、現代クリエーションが見られるアート・センター「パレ・
ド・トーキョー」の中にあるレストラン「ムッシュー・ブル」。

　午後からアパルトマンでお世話になった、パリ・高橋さんにイン
タビュー。まずここで高橋育代さんのプロフィールをご紹介いたし
ましょう！　1990年よりパリ在住。横浜ご出身で、1976年エス
ニックショップの店長を務めるかたわら、オリジナルの服・アクセ
サリーの制作を始められます。1980年以後10年間、画家であるご
主人と共に、インド、ヨーロッパ各地、北アフリカなどを訪れ、各
地の芸術、文化に強い感銘を受けられました。

　パリ生活24年の高橋育代さんが観た「パリ」をお聴きしまし
た！
・フランス人の芸術家は？
「才能のある人を見つけて育てる」のがフランス人。
・フランスの経済
　税金を払わない人が増えている。なぜならば、今の政党は「貧し
い人々の味方」ですので、失業者や生活保護を受けている人（移民
の人も含めて）にはとっても住みやすい国だとか！　「子どもが5
人いたらお父ちゃん働かなくても食べていけますから～」。ですか
ら、ここ数年は、高額納税者はベルギー、オランダ、ドイツなどに
次々引っ越しされているそうです。

・フランスのファッション

　パリはモード発信の地ですが、パリジャン・パリジェンヌは古い物が大好きで、「使い捨て文化」はないようです。良質のものを買って長く着る！　見習いたいものです。

・現在のパリジェンヌのおしゃれ

　シンプル！　何も付けないのがお洒落とか（お洒落も断捨離）！

・サービス

　お店の方のサービスが良くなった！　道順を聴くことが多かったのですが、皆さん親切で英語で教えてくれました！　特にフランス人男性は、幼い頃から「女性を大事にしなさい」と教え込まれるので、女性に対して基本的に親切（フランス人女性は、それが当たり前だと思っているとか！）。

・物価

　シドニーより高いと思いましたが、フランスは消費税が平均20％（品物によって違う）付きますので、どうしたって高くなるそうです（2014年8月現在、シドニーの消費税は10％。日本は8％です）。パリの家賃は地区や建物によってマチマチですが、夫婦の場合、共働きでなければ食べていけません。平均月収が1600ユーロ（2400豪ドル、24万円）。30㎡のワンルームで家賃が700 ～ 1000ユーロ（1050 ～ 1500豪ドル、約10万円 ～ 15万円）。二人で共働きなら何とかやっていけますが、一人では超切り詰め生活になります。

・食生活

　一言で言えば"質素"だそうです。ですから最近安い一品料理が多い和風（アジア）レストランなどが人気になっているわけです（1品でお腹いっぱいになるのでね）。あるいはバゲットのサンドイッチでお昼を済ます。夜は、一人だったらスープにバゲットでおしまいとか？（バゲットが美味しい！）若い人はディナーにレ

ストランなどに行く余裕はないので、ワインバーとかビストロ。ただし、酔っぱらってしまったら人間失格なので、酔うほどは飲まない。

　私たちもパリ滞在中の夕食は、ワインと美味しい！美味しい！バゲットと生ハム＆野菜サラダというシンプル夕食！　これまでの「食べ過ぎていた食生活」を痛感した次第です。

■19日目　7月19日
　午前11時、高橋さんに見送られてタクシーで空港へ。お世話になりました〜ありがとう！
　ドバイ経由で20時間35分の空の旅！　空の旅は再び映画三昧！「そして父になる」「小さいおうち」「魔女の宅急便」「抱きしめたい─真実の物語」「四十九日のレシピ」！

■20日目　7月20日
　10:05PMシドニー着、おかげさまでスペインさんにお迎えいただき、無事チャッツウッドの自宅に帰宅いたしました。

女4人旅in「おフランス」！を終えて
　N・KATORIさんの「おかげさまで」訪問できたフランスの「ルーアン」！　素晴らしい「ルーアン」の街の観光とレストランの案内等、まさにプロの心遣いには脱帽です。本当に助かりました！一緒に愉しく過ごすことができて嬉しかったです！　ありがとうございました。シドニーへの「お里帰り時」には、お会いできますことを愉しみにしています！　今回の旅行の特徴は、なんといっても「女4人旅」！　今までの「一人旅」とは違い、地下鉄、バス、列車、

タクシー、フェリーと"乗り物と徒歩"の旅のカタチでした。長年にわたり約60か国を訪問した世界旅行は、一人旅でもホテル滞在型、ツアーに一人で参加、空港やそのお国で友人や知人が待ってくれている旅でした。乗り物は安全のためホテルのタクシーを利用、地下鉄等は絶対一人で乗らないし、徒歩も必ず友人と一緒です！しかし今回の旅では、またまたおかげさまで「地図が読めない女」から「読める女」に変身できた⁉　スリに遭遇した後は、一人で地下鉄に3回乗り換えて無事「パリの最寄りの警察署」に辿り着きました。が、まあ、パリもシドニーも東京も同じで、初めての場所へは事前に調べて地図を片手に探しますからね。ただし、今の若い人は「手もとのスマホやiPadmini（アイパッド　ミニ）の地図です。事前に調べなくても、もし判らなかったら、即その場で検索して地図を見ます！　そこがパリであろうが、シドニーであろうが！　次回の旅で挑戦してみますか！　女4人旅in「おフランス」！　が無事終わりました。

　愉しい旅をご一緒できて本当に良かったです！　お世話になりました！　ありがとうございました！　この素敵なご縁、今後も引き続き育てていきたいと願っています。

第1弾！
ハワイ・ロングステイ「アロハな暮らし！」
Longstay in「ALOHA・LIFE」
2014年12月19日〜2015年1月2日

今回の旅行もまたまた、偶然実現した「ハワイ行き！」でした。昨年2月、東京において「日本旅行作家協会」の「写真展」がありました。南極の写真が2点採用され一時帰国しましたが、その時にお逢いした会員Kさんから、「朝子さん、今年7月からハワイに1年間留学するのでぜひ遊びに来てね！」と誘われました。また、シドニーのわが家に来訪の友人Yさんが、ハワイに「ペントハウス」を購入されたとか‼ 早速Yさんに連絡を取ると、クリスマスから新年は滞在するとのこと！ また同時に「日本旅行作家協会」の会員数人が私の滞在する12月19日〜1月11日までの期間にはハワイに滞在されることも判りました！ ハワイは3度目ですが30年ぶりです！ 友人たちと「アロハな暮らし」を体験したい！ チャンスがあればと思っていた1週間の「ハワイ4島巡りクルージング」！さあ、ハワイに飛ばなくちゃ！

■12月19日 シドニー発ハワイ・ホノルル着

シドニー発カンタスAirでハワイまで直行！ 午後7:45発、飛行時間は9時間！ 翌朝8:30無事ホノルルに到着です。滞在ホテルは、ハワイ最大の「アラモアナ・ショッピング・センター」に隣接のアラモアナ・ホテル「Ala Moana Hotel」です。到着後、早速「アラモアナ・ショッピングセンター」を視察です！ ホテルから隣のアラモアナ・ショッピングセンターへはスカイブリッジ（陸橋）で！ アラモアナ・ショッピングセンターで好物のカラマリとビールでランチ・タイム！ 夕方からは「ハワイシニアライフ協会」のクリスマス・パーティーに参加させていただきました。開催場所は米軍専用保養施設の「ハレ・コア・ホテル」。参加者は、日本からの長期滞在者も多く、ハワイが第二のホームカントリーになっているようでした。会員の皆さんのHISLEAハワイアンズ演

奏から始まってオイターズ・コーラス、カヒコ・フラ等、愉しく鑑
賞させていただきました♪

■12月21日

「ハワイシニアライフ協会」会長の坂井諒三氏にインタビューさせ
ていただきました！　今日は坂井会長とプライベート・ヨットクラ
ブの名門「ワイキキ・ヨットクラブ」（WYC）で待ち合わせです。
36年間のサラリーマン生活の大半を海外で過ごされ、ハワイで定
年退職を迎えられた坂井諒三氏。ハワイの青空と輝く太陽のごとく
明るい笑顔が絶えない坂井会長にお話をお伺いいたしました！

「ハワイの特徴」を挙げていただくと、
■アジア社会（130万人のうち日系アジア人は70％）
■民主主義　日系には心地よい！
■安全
■オアフ島では、土地の89％が州や米軍基地の公用地とか！　資
　産価値の上昇が見込まれる良い所を持っているということですね。
■シニアに優しい
■文化がないので「文化」を求めてアメリカ（ラスベガス等）へ！
■日系人のための病院がある
　また、下記①から⑤の「アロハの精神を世界に広めたい」とのこと。
①　人と争わない！
　　会社社会を「卒業」すれば、もう争うこともないのでは？
②　人を羨ましいと思わない！
　　「尊敬かつ、羨ましいと思う人」には「憧れて」自分も一歩近
　　づく努力をすればハッピー！
③　お金に振り回されない！

お金と上手につきあうことでしょうね！
④　親、きょうだい（兄弟＆姉妹）を大事に！
　　ごもっとも！
⑤　出会いを大切に！
　　人生のほとんどのチャンス到来は「出会いから！」。
　ハワイの澄んだ青い空！　どこまでも続く紺碧の海！　そして、
オープンな風が吹き抜けていく、この開放感が「アロハな精神」を
宿すのでは？

　地元のミュージシャンによるハワイアン・ミュージックのギター
やウクレレ等の演奏とハワイアンの歌♪を聴きながら「ワイキキ・
ヨットクラブ」での有意義なひと時を過ごさせていただきました。
「スポーツも人生も、後半戦が面白い！」を実践されています！
貴重なお話をありがとうございました。

「アラモアナ・ビーチパーク」（Ala Moana Beach Park）

　アラモアナセンターの目の前に広がる「アラモアナ・ビーチパー
ク」。約1キロの砂浜が広がるアラモアナ・ビーチはダイヤモン
ド・ヘッドとワイキキ・ビーチが遠くに見え、三日月形をした入り
江のマジック・アイランドではこ
ぢんまりとした雰囲気を楽しむこ
とができます。懐かしい！　30
年前に泊まったヒルトン・ホテル
が見えます！　アラモアナ・ホテ
ルと目前の友人宅・ペントハウス
の40階「アラモアナ・ビーチ」
が一望！

アラモアナ・ビーチパーク

■12月22日 再会! Nikki Thompson（聖子）さん

　Nikki Thomoson（聖子）さんにお会いする‼　彼女とは、シドニーで7、8年前（？）に会っている‼　ハワイ事情をお聴きしていると、「ハワイカイ」という場所に「リタイアメント・コミュニティ」があるとか！　早速個人的にアポを取っていただき、後日見学することに！

■12月25日 クリスマス・ディナーはレストラン「The Signature」

　滞在中のアラモアナ・ホテルの36階。アラモアナの夕日＆ワイキキの夜景を望むレストラン「The Signature」でのクリスマス・ディナー！　ステーキは絶品！　ホテルの高級レストランでも「普通に」、残ったお料理用のboxを持ってきてくれます。ハワイの良い習慣ですね！　ちょっとビックリ！

■12月26日 ハワイのハイライト・コース観光

　友人に案内してもらって今日は「ハワイのハイライト・コース観光」！　ジャンボ・ドライバー Ken さんと。

　自然保護地区に指定されているハナウマ湾（Hanauma Bay）。オアフ島で最も人気の海洋公園。火山活動によってできたクレーター状の遠浅のビーチで、美しいサンゴ礁に魚が棲息し、シュノーケリングに最適な場所とか！　今度はここでシュノーケリングがしたい！

　ハワイの風に吹かれて。友人Ｙさんとマカプウ展望台「Makapu'u Lookout」♪　ハイキング・コースに行く道、標高200メートルの頂上を目指します！

カイルア・ビーチ（全米１位に輝くビーチ！）

　ビーチ巡り‼　ラビットアイランド（Rabbit Island）。オアフ島東南部のマカプウ・ビーチ沖合に浮かぶ小さな島。「Makapuu Point」からの絶景！「ラビット・アイランド」という愛称で知られている「マナナ島」。カイルア・ビーチ（Kailua Beach）、マリンスポーツのメッカ、全米1位に輝いたことのある美しいビーチ！サラサラの白いパウダーサンド、キラキラ輝くターコイズブルーの海！　心地よい貿易風……ハワイならではの大自然に身も心も癒されます〜♪

　当日はオバマ大統領（当時）が休暇でハワイに滞在中でした。ご家族でお買い物（？）とかで、モクルア・ドライブ（Mokulua Drive）は車が1時間以上も停滞です！　その間、車はKenさんに任せて、私たちはその両脇に立ち並ぶ高級住宅街のモクルア・ドライブを散歩していたところ、偶然見つけた小道！　そこを通り抜けると隠れ家的な美しいカイルア・ビーチに出てきたというわけです‼　エメラルド・グリーンの美しいビーチ！

■12月29日 Condel,Inc.の社長Kazu Engelsethさん

　シドニーの友だちの紹介で、素敵な出会いがありました♪　ハワイ在住のCondel,Inc.の社長Kazu Engelsethさん。滞在のアラモアナ・ホテル3階の「ROYAL GARDEN」にて飲茶をご馳走になりながら、彼女の今までの経歴や海外暮らしの様子をお聴きいたしました。

　Kazuさんは、かつて「国際協力銀行」（当時は海外協力基金）に勤められており、ノルウェー人のご主人と、パリ、ロンドン、ポルトガル、スペイン、ジャマイカ＆香港と、長年にわたり各国での「海外暮らし」を経験されております。Kazuさんのお話を聴きながら想ったことは、「海外で仕事をする日本の女性」には共通の特徴があり、海外への好奇心と実際に働くという積極性があり、自分の人生の羅針盤を自分自身で持っていらっしゃる！　素晴らしい！

　ルアーズ通り沿いのハイセンスなショップ等が並ぶ「ワイキキ・ビーチウオーク」！　街中はどこもセール中‼
　夕方からは「日本旅行作家協会」の会員の方とワイキキで再会！夕焼けが美しいワイキキ・ビーチ！　美しいワイキキの夕日。これぞハワイ！　夕日観賞の後は、老舗のホテル「The Royal Hawaiian a Luxury Collection Resort Waikiki」へ！　再会を祝して「マイタイ バー」（maitai bar）にて、トロピカルカクテルの女王といわれる「マイタイ」で乾杯！　地元のミュージシャンによる演奏とフラダンスを観ながら話題はハワイと世界の旅＆街角♪

■12月30日 ハワイ・カイ・リタイアメント見学

　今日の「ハワイ・カイ・リタイアメント見学」は、聖子さんの息子さん・エディ君と友人のパトリック君がエスコートしてくれまし

た！　美しい自然に囲まれた閑静な高級住宅地として知られる「ハワイ・カイ・リタイアメント・コミュニティ」は小高い丘の上に立ち、美しいココマリーナの海を一望できます。シルバー世代の方のニーズに合わせた充実した設備とハワイならではのレクリエーションが充実しています。もちろん医療設備も24時間体制で万全とか！　リゾートホテルの一室を賃貸して、今後の人生の「好きな期間を楽しく過ごしましょう！」ということです。参考のために見学させていただきました。

■12月31日　ハワイの大晦日

「シェラトン・プリンセス・カイウラニ・ホテル」の1階ロビーに展示されている恒例のジンジャーブレッド・ビレッジ（お菓子の国）。ジンジャーブレッド、ダーク・ホワイトのチョコレートなどを使った高さ約4.5メートル、幅約7メートルある「お菓子の国」です

　大晦日の夜は！ステーキが美味しかったので、再度のレストラン「The Signature」へ。「大晦日のハワイ」、遠くにダイヤモンドヘッドが見えます。

■2015年1月1日　Happy New Year！

　本日、友人Ｙさんが日本に帰国です。見送った後、午後から散歩。早めにホテルに戻り部屋のTVをつけたら、なんと！「紅白歌合戦」が始まろうとしているではありませんか！　ラッキー！ビールとつまみを用意して「紅白歌合戦」の鑑賞タイム！

■1月2日

　2時過ぎからはドライバーKenさんに案内してもらって今日は

「ハワイのディズニーランド」の視察！　2011年8月にオープンしたご存じ「アウラニ」！　2014年トラベル＋レジャー・ワールド・ベスト・アワードの「米国のトップ・ファミリー・ホテル」カテゴリーでNo.1に輝いたそうです！　ホテルのエントランスやロビーは、ハワイの伝統的な建築様式が取り入れられています。

　ドライバーKenさんに、まだ試食していない「ハワイの伝統料理」を案内してもらいました。ハワイの郷土料理「ラウラウ」というタロイモやティーの葉で包まれた蒸し焼き料理と、ハウピア（Haupia）というココナッツミルクからできたハワイの伝統的なデザートをいただきました。中華でもなく、タイでもなく、フィリピンでもなく、ベトナムでもない、ポリネシア風のテイストかな〜という感想です。

第2弾！「Pride of America」で行く
"ハワイ4島巡りクルージング"
Hawaii-Round-trip Honolulu

日程	諸島	寄港地	入港	出航	距離
3日(土)	オアフ島	ホノルル		PM7:00	
4日(日)	マウイ島	カフルイ	AM8:00	停泊	200km
5日(月)	マウイ島	カフルイ		PM6:00	
6日(火)	ハワイ島	ヒロ	AM8:00	PM6:00	237km
7日(水)	ハワイ島	コナ	AM7:00	PM5:30	263km
8日(木)	カウアイ島	ナウィリウィリ	AM8:00	停泊	439km
9日(金)	カウアイ島	ナウィリウィリ		PM2:00	
10日(土)	オハフ島	ホノルル	AM7:00		354km
				総距離	1493km

　クルージングは一人旅の（客室はオーストラリア人と一緒）「Pacific Sky」で行く南太平洋、「アカデミック・ショカルスキー号」は次女と南極大陸、そして探検クルーズ客船"オリオン"で行くパプアニューギニア‼は、長女と経験していますが、4回目のハワイ4島巡り「Pride of America」は全くの「一人部屋」です。一番大きな船で80,439トン、船長280メートル、船客数2190名、客室数1095室、乗組員約940名といった船です。

広々としたメイン・ロビー

■1日目 1月3日　Honolulu O'ahu（ホノルル オアフ島）

　Pier2 521 Terminalにてお昼12:00集合！　専従?!ドライバー
Kenさんに送ってもらい、1週間後の下船1月10日（土）朝の到着
予定時間を伝えて手続きへ！　その後はターミナル内でチェック・
インです。フラ・ダンス等の「ウェルカム」があり午後4時過ぎに
いよいよ乗船です。

　乗客2190名のうち、日本人は11名で船内案内の日本語コーディ
ネーターは、海外暮らしのベテラン・みどりさんと、日本に留学経
験があり流暢な日本語を話されるスコットさんのお二人です。部屋
に案内してもらったあとは「避難訓練」があります。

　その後、日本語による「乗船説明会」と「船内案内」がありまし
た。毎日部屋には「本日の焦点」「今夜のエンターテインメント」
の案内が配られ、退屈させないスケジュールになっています！　オ
プションで事前に申し込んだ各島の観光の他に、早起きの方へ、午
後を愉しく、夜のハイライト、朝食、昼食、夕食の案内、バーサー
ビス、ゲストサービス等!!　ゆっくりしていられない！

　ディナーは親しくなった東京から参加のKさんご夫妻と6階の
「リバティレストラン」へ！

■2日目 1月4日　Kahuluii Maui（マウイ島 カフルイ泊）

　23種類ものツアー案内から私が選んだ観光：Best of Maui-Plan-
tation, Iao Valley & Ocean Center

▽「ベストオブマウイープランテーション、イアオ渓谷、オーシャ
　ンセンター」
▽マウイ島の西側に位置する、イアオ渓谷州立公園
　ハワイでも2番目に雨の多い地域とのことですが、当日は晴天で

した！　ラッキー！　奇岩、イアオ・ニードルには悲しい伝説が
あるようです。展望台まで139階段を上ります！　ダイナミック
な景観！
▽トラムに乗って見学する「マウイトロピカルプランテーション」
　園内を40分で一周するトラムツアー。美しい60エーカー（約24
　万平方メートル）の農園。
▽マウイオーシャンセンター（水族館）
　ハワイ近海に生息する海洋生物をテーマにする水族館。水族館の
　目前、ノスタルジックな「ラハイナ・ハーバー」。

　本日、船のディナーは5階の「スカイライン」にて！　アメリカ
人ご夫婦2組とオーストラリアからのご夫婦と一緒でした！　皆さ
ん、世界中を旅されています。

今夜のショータイム：アロハ ポリネシアン ショー

■3日目 1月5日　Kahuluii Maui（マウイ島 カフルイ泊）
　夜はプロのカメラマンによる撮影で、キャプテンと記念写真
Photo with Captain Ron Chrastina

今夜のショータイム：ノルウエージャン クルーズラインの華やか
なプロダクション ショー♪

■4日目 1月6日　Hilo Hawaii（ハワイ島 ヒロ泊）
　ハワイ島ヒロの「Mauna Kea」標高4205メートル。船上より眺
める。

▽「Volcano & Rainbow Falls」（火山＆虹の滝）
▽ワイルクリバー州立公園、レインボーフォール。ワイルア川中流
　　にある落差約15メートルの「虹の滝」。
▽火山国立公園、ハレマウマウ火口 Halemaʻumaʻu Crater
▽サーストン・ラバチューブ（ハワイ火山国立公園にある溶岩トン
　　ネル）。溶岩トンネルを20分ぐらい歩きます。
▽ルア・マヌ・クレーター（Lua Manu Crater）

　この日は私の誕生日！　デッキ11階のイタリア・レストランLa
Cucina（ラ　ク　シーナ）にて、ディナー！　コーディネーターのみ
どりさんがオーダーしてくださった美味しいイタリアの白ワイン
「Danzante Pinot Grigio」で乾杯です！
　南極大陸クルージング船上で「還暦」を迎えてはや10年‼　お
かげさまでハワイ・クルージング船上にて「古稀」を迎えました！

今夜のショータイム：イリュージョン、マジック、コメディーのショー。

■5日目 1月7日　Kona Hawaii（ハワイ島 コナ泊）
　本船は沖に停泊をして、岸まではテンダー・ボートで渡っていき
ます。

▽「Historic Kona 歴史の街コナ」
▽有名な「コナ・コーヒー」。カイルア湾が一望の「コナ・コー
　　ヒー農園」
▽「セントベネディクトヒストリックペインテッド」の教会
▽コナ南部のホナウナウ湾にある「プウホヌア・オ・ホナウナウ国
　　立公園」

ハワイ創成期の文化を深く感じられる場所です。この約73万㎡の国立歴史公園は、かつては王家の土地で、カプ（タブー）を破った人が逃げてくる「逃れの地」だったそうです。

今夜のショータイム：ラスベガスのショーから直接やってきた！フランキー・ヴァリ！　フォーシーズンズのヒット曲集♪

■6日目 1月8日　Nawiliwili Kauai（カウアイ島 ナウィリウィリ）

別名、水と緑の「ガーデン・アイランド」と呼ばれる「カウアイ島」。「KAUAI ISLAND TOURS, INC.」のMidori Frostさんの「日本語・ツアー」に参加。「Best of Kauai」です。

▽サウスショアの潮吹き岩

ポイプの波が天然の溶岩洞に流れ込み、大きなうねりが寄せると噴水のように放出され、その時の「シュー」という叫び声にも取れる音がハワイの伝説になっています。

▽「ワイメアキャニオン」約3400フィート（約1036メートル）の深さ、幅が1マイル（約1.6キロ）あるキャニオン（大峡谷）。

ランチはカウアイ島「アストン・アロハ・ビーチ・ホテル」にて。

▽オパエカア滝（Opaekaa Falls）

▽ハワイでは最長の川を幅広い平底のボート（スミスモーターボートサービスの遊覧船）で川上りをして、ワイルア川河口にある「シダの洞窟」を訪ねます。

▽ワイルア川で1940年代からの歴史を誇る「遊覧船」

遊覧船の中でハワイアン・ミュージック♪

▽「シダの洞窟」

ボストンシダに覆われた巨大な洞窟。

今回の「4島巡りクルージング」では、ベイシックなツアーを申し込みましたが、ヘリコプター・ツアー、乗馬、サーフィン、パラセーリング、ハイキング、ハレアカラ噴火口（頂上はマイナス1℃に冷え込む）等のツアーが申し込めます！

今夜のショータイム：トビーボーのロックンロール♪

■ 7日目 1月9日　Nawiliwili Kauai (カウアイ島 ナウィリウィリ泊)
　最終日！　いよいよ明日は下船です。午前中は予約していたデッキ12階の「マンダラ サロン サービス」でヘアダイとカットです。

　水中マジック アンダーウォーター エスケープ！　プールでのマジック・ショーが始まります！　マジシャンのチャールスバックさん！45キロの鎖で繋がれたままプールの中へ！　生還！Unbelievable!!

　午後5:15頃からの「ナ・パリ・コースト」展望！　太古の自然の絶景「ナ・パリ・コーストの息をのむようなパノラマ！　クルー

素晴らしい〜「ナ・パリ・コースト」

ズならではの醍醐味ですね！ 島の誕生から長い時間の中で起こってきた隆起や風雨の浸食により作りだされたのが、全長25キロ、標高差約1000メートルもある断崖絶壁の海岸線「ナ・パリ・コースト」！

■8日目の朝 1月10日 下船日

　7泊8日のクルージングが無事終わり、シドニー帰国の飛行機の関係で、もう1泊は「Aston at the Executive Centre Hotel」を予約済みです。

　無事、ホノルルに着港！ お世話になりました！ コーディネーターのスコットさん。船が港に着くとドライバー Ken さんに連絡。即！ 迎えに来てくれました！ ちょうど、1月6日からハワイに来られていた友人のタレント・歌手の浅川美智子さんとも連絡が取れ「再会 in ハワイ〜」！

　彼女はアナモアナ・ショッピングセンター内の白木屋のスタジオでのディスクジョッキーに出演。On Air 途中で笑福亭鶴瓶さんもスタジオに加わり、お二人の息の合った愉しい会話も弾み、愉しく観賞できました‼ その後、浅川美智子さんと、再度、彼女のお気に入り「ピンクパレス」の愛称で呼ばれる老舗のホテル「The Royal Hawaiian a Luxury Collection Resort」へ！ ハワイでの"再会"を祝して「マイタイ・バー」(maitai bar) にて、カクテル名「マイタイ」で乾杯！

　さあ！ 今日は空港に近い「Aston at the Executive Centre Hotel」で1泊、明日はSydneyへ帰国です。25日間のアロハ♪な滞在を終えます！ ALOHA ♪

5つの文字を頭文字とし、それぞれが意味を持つハワイ語だそうです！　何とも気持ち良い響きアロハ〜♪

A　AKAHAI　　思いやり

L　LOKAHI　　調和性

O　OLU OLU　　喜び

H　HAA HAA　　謙虚・素直な心

A　AHONUI　　忍耐

　ハワイ州の花は黄色のハイビスカス！「今呼吸をしている幸福」。今、息をしていることにさえも、幸福を感じられる心。ALOHAの精神にはまだまだ素晴らしい意味が秘められていますね！　改めて出会いの喜びを教えてくれた、そして「アロハな心」に触れた旅！ハワイが人々（特に日本人！）を、魅了させている理由が、なんだかわかったような気がします！

第1弾！ 欧州の奥の細道ルーマニアの春
Spring in「Romania」

2015年5月5日〜 5月17日

　ハワイ旅行からシドニーに戻り、落ち着いた1月下旬、会員である「日本旅行作家協会」から、5月に2週間の「ルーマニア＆モルドバ」の旅行案内Mailが届きました！

　そういえば！　世界約60か国の旅行はしましたが、ルーマニアには、まだチャンスはなかった！　旅行日程のタイミングが良い！一時帰国の期間だから「東京発着」で参加可能です！　そして、ルーマニア旅行の決め手は何といっても、会員の渡辺節子さんの企画がスペシャル！　届いたMailは下記の通りです。

企画推行：日本旅行作家協会　渡辺節子
現地手配：EXACT Tours, Bucharest エグザクト・ツアー
追加旅行：モルドバ共和国＆沿ドニエストル共和国

「沿ドニエストル共和国」は、国際的にはモルドバ共和国の一部とみなされていますが、国家としての承認はされず、事実上の独立状態にあるそうです。現地に行って初めて知った幻の国家！　旅行内容は、現地の方との文化交流会があり、日本語学校で折り紙＆書道等を教えたり、ルーマニアの親日家のご自宅でのケーキ作り、また、民家で宿泊という「特別企画」満載なところに魅力を感じ、即！　参加の申し込みをしました！　参加される「ワールド・ステイ・クラブ」の「旅の達人」の方々もご一緒の総勢11名のメンバーです！
「吸血鬼ドラキュラ」「体操のコマネチ」＆「独裁者チャウシェスク」、それだけでないルーマニア！

　第1弾！「ルーマニア旅行」と第2弾！「モルドバ共和国」＆「沿ドニエストル共和国」の旅行記をお愉しみください！

■ 1日目 5月5日

「ホテル クラウン プラザ ブカレスト」1泊目

　10:05AM成田発、イスタンブールを経て→8:50PM、日本から約15時間後、無事ルーマニアの首都「ブカレスト」に到着しました（現在、日本とルーマニアを結ぶ直行便はありません）。

　北海道とほぼ同じ緯度にあるルーマニア！　5月初旬はベスト観光シーズンのようです。アンリ・コアンダ国際空港（Henri Coanda Airpor）で迎えてくださったのは、日本語が堪能なガイドのアンドリュー・ネアグさん（Andre Neagu）。

■ 2日目 5月6日　ブカレスト市内観光

「ホテル クラウン プラザ ブカレスト」2泊目

　かつて「小さなパリ」とも呼ばれていたブカレスト。「ブカレスト」という名称は15世紀頃から記録され、「ドラキュラ」という別名で有名なブラド公が初めて首都にした「ブカレスト」。ブカレストは西欧と東欧、そして中東の独特な文明が合流した都市といえるでしょう！

▽チャウシェスク独裁主義を象徴する有名な議会宮殿「国民の館」は、圧倒的な存在感でひと際目立ちます。現在は「国会」やコンサートホール等として使われており、アメリカのペンタゴンに次いで世界で二番目の巨大建物です。入場料を払い、金属探知機をくぐり、厳しいボディーチェックを受けて入場します。外国人はパスポートの提示を求められます。

ブカレストのヘラストラウ公園には、「マイケル・ジャクソン小路」があるらしい。ルーマニアの社会主義崩壊後、1992年と1996年の二度、マイケルは「ブカレスト」に来て、この「国民

の館のバルコニー」で1992年に公演し「ハロー、ブダベストの皆さん！」（ブダペストはハンガリーの首都！）と言ってしまったとか！　でもそのお陰で、ブカレストはルーマニアの首都と、知れ渡るようになったようです。

▽国民の館から500メートルほど行くと白亜の宮殿と表現してよさそうな、「ルーマニア総主教座大聖堂」の建物があります。ルーマニアでは国民の90％以上がルーマニア正教を信仰しており、そのルーマニア正教の総本山がこの大主教教会で（ゆえに、"ルーマニア正教のヴァチカン"とも呼ばれている教会）、1655年に当時のワラキア公により建てられました。統一広場脇のミトロポリエの丘の上にある3つのドームが目印です。教会の周りには、マロニエの白い花が美しく咲いていました。

▽革命広場。1989年12月21日、チャウシェスクが最後の演説をした旧共産党本部のバルコニー。12月25日、特別軍事法廷でチャウシェスク夫妻は死刑判決を受け、即日銃殺刑にされました。現在、この建物は中央官庁の一つとして利用されています。

▽慰霊碑。このモニュメントは革命の犠牲者を追悼するために建てられたとか！　旧共産党本部から路地を挟んだ北側に。

▽カロル1世騎馬像。ブカレスト大学図書館の前に。

▽ブカレストの中心、革命広場に面して昔のルーマニア王室の宮殿だった国立美術館。

夕食は、Paris Street にある素敵なレストラン「Noblesse」で。

■3日目 5月7日　「ホテル・ブラショフ Cubix」1泊目

「トランシルバニア地方のカルパチャの真珠」といわれる「シナイア」へ！　シナイアの夏は避暑地、冬はスキーリゾートとして人気

の街です。

▽ペレシュ城。ルーマニアで最も壮麗な城と称され、ルーマニア王室の夏の離宮として8年の歳月をかけて建てられたメルヘンチックあふれる宮殿。ドイツ・ルネッサンス様式の建物と、庭園にはたくさんの彫像が並んでおり、噴水のある庭園からはシナイアの渓谷が一望です！

▽カルパチア山脈が壮観！　ワイナリー「Conacul Ur Iatean」で試飲とランチ。ワイナリーのレストランにてルーマニア料理、煮込みスープのチョルバよりも具の少ないスープはスパ（supa）？サルマーレ（sarmale）。ルーマニア料理は、日本人にも馴染みやすい味です。サルマーレはロールキャベツとサワークリームを一緒に煮込んだもので、酸っぱい味がなんともいえない。酢漬けのキャベツに挽肉、タマネギなどを包み込み、十分に煮込んでつくります。

ママリーガ（mamaliga）はルーマニアの代表的な主食の一つでトウモロコシの粉に牛乳とバターを練り込んで煮たもの。サルマーレや肉料理の付け合わせとして盛られることが多い。

夕食は、本日宿泊の「ホテル Cubix」にて。その後ワインを飲みながらの歓談です！

■4日目 5月8日 「ホテル・ブラショフ Cubix」2泊目

ブラショフへ！　ブラン城・ドラキュラとの出会い⁉

▽「ブラショフ」へ

ブラショフ市は首都ブカレストに次ぐルーマニア第二の都市。12

世紀にドイツ人によって建設され、ルーマニア人、ハンガリー人の三民族の手で発展してきました。中世の街並みを残す美しい古都で、その周辺に要塞聖堂、世界遺産シギショアラ、ドラキュラ城のモデルとなったブラン城と、ルーマニアの見どころが凝縮された街です。

▽ブラン城・ドラキュラとの出会い⁉

ブラム・ストーカーの小説『吸血鬼ドラキュラ』の居城のモデルで、典型的な中世の城砦。

石造りのゴシック様式の城で、現在、歴史博物館として使用されています。

偶然手元にあった、作家・桐生操さんの『ヨーロッパ　名所に秘められた話』の本には、「ドラキュラ公ブラド4世は、父と兄を殺されて復讐の鬼と化す」と書かれており、さらに、下記のようなことも書かれています。

　「17歳までトルコの人質として幽閉されていて、故郷に戻ってきた時にはドラキュラの父や兄は虐殺されてしまっていた。生きたまま土中に埋められたことが明らかになった時ドラキュラは、心に固く復讐を誓った。彼が文字通りの吸血鬼ドラキュラ化したのは、この時からといわれている」

ブラン城の後、ハイキングへ！　ランチは郊外「Casa din BraN」にて。

▽「日本武蔵野センター」へ！

1998年8月、武蔵野市とブラショフ市の交流拠点として、ブラショフ市内のオルテット通りに設置された「日本武蔵野セン

ター」へ！　1991年、武蔵野市出身でルーマニア国立ジョル
ジュ・ディマ交響楽団の指揮者の方のご努力で、同交響楽団を日
本に招聘したことがきっかけとなり、武蔵野市とブラショフ市
の交流が始まったそうです。おかげさまで私たちも素晴らしい
「武蔵野センター」の皆さんと交流が持てました！　当センター
では、幅広く日本人の生活を紹介、日本語、現代及び伝統文化の
紹介などを通じて、日本と武蔵野市民の文化交流に対する関心を
高めることに努めていらっしゃいます。日本の文化に大変興味を
もって日々指導と学習されている先生と生徒さんたち！　皆さん
の輝く瞳がとても印象的でした！
▽旧市街の中心にある中央広場（スファトルイ広場）や高さ60
　メートルの時計塔、歴史博物館や1420年建立の旧市庁舎があり、
　広場にはテント張りの市が立っています。

　ディナーは「Restaurant Gaura Dulce」にて。

■5日目 5月9日　ドラキュラの街「ホテル・シギショアラ (SIGHISOARA)」1泊のみ

　ヴィスクリ村、世界遺産シギショアラへ！　15世紀から17世紀
にかけて「トランシルバニア地方」にはたくさんの要塞教会が築か
れ、そのうち7つが世界遺産となっています。

▽世界遺産ヴィスクリ要塞教会
　ヴィスクリ村の「要塞教会」は、城壁や射撃用の窓、見張り塔を
　備えた、この地方独特の建築物です。緑豊かな丘陵地帯の合間に
　建つ小さくて素朴な農家の家並み、牧歌的な田園風景、干し草を
　乗せた荷馬車！　「中世」という民族衣装を身に着けた女性の

姿！「中世のヨーロッパの農村」にタイムスリップしたような気分になります。英国チャールズ皇太子もお気に入りのこの村には別荘を所有されています！

▽要塞内にあるゴシック様式の「ロマネスクの教会」
自然がいっぱいのテラスで伝統料理のランチ後は、馬車に揺られ牧場からの微風を受け、中世にタイムスリップ！

▽世界遺産シギショアラはルーマニアの北西部の小さな町。世界遺産になっている旧市街は丘の上にあり、周囲を城壁に囲まれています。中世の街並みがそのまま残る街並みは、人々の心の故郷として、「ルーマニアの宝石」などと呼ばれてきたそうです。世界的には、「吸血鬼ドラキュラ」のモデルとなったドラキュラ公の生地として知られます。ディナーは、ドラキュラ伝説でお馴染みの「ドラキュラの生家」。時計塔のある広場に面した「ドラキュラの生家」は、現在はドラキュラのレストラン「Casa Vlad Dracul」になっています。
吸血鬼ドラキュラのモデルは15世紀のルーマニアに実在します。それは「ヴラド・ツェペシュ」（串刺し公）で、彼は英国人作家ブラム・ストーカーの『吸血鬼ドラキュラ』（1897年刊行）のモデルになった人物だといわれています。彼はこのレストランの黄色い家で1431年に生まれています。「ツェペシェ」は串刺しの意味で、それは敵を串刺しにするなど残忍な方法で処刑した証しでもありますが、現在のルーマニアにあっては、今やドラキュラはルーマニア最大の観光資源として「金儲けの英雄」にもなっていますね！

▽旧市街でひときわ目立つランドマークの時計塔。この時計塔は14世紀に建てられた町のシンボルで、毎夜0時になると人形が動き出す「からくり時計」です。時計塔の中には、少年時代をこのシギ

時計塔の最上部にて

　ショアラで過ごした有名なロケット工学者、ヘルマン・オーベルトに関するものがあり、ロケット模型なども展示されています。時計塔の上から見たシギショアラの美しい街並みが印象的でした！
▽山上教会
　山の上にはドイツ語学校があり、ドイツ系の移民の子どもたちが雨の日でも楽に通学できるようにと配慮して造られたという、屋根のある木製の階段「SCARA」があります。階段を上がると、プロテスタントの「山上教会」があり、博物館としてもザクセン人（トランシルバニアへ移住したドイツ人のこと）の文化を伝えています。

■6日目 5月10日　ホテルは「GRAND HOTEL NAPOCA」1泊のみ
　山に囲まれ、伝統的な村のあるクルージュへ。

▽サリーナ・トゥルダ（トゥルダ岩塩坑）
　宇宙船のような「サリーナ・トゥルダ」の建物が見えます！　想

像を超える未来的な空間の凄さ‼　クルージュの「トゥルダ」に
あるトゥルダ岩塩坑（サリーナ・トゥルダ）は、1932年に閉山
した岩塩坑。その内部を大規模改装し、遊技場として一般公開し
ています。通路の両脇は岩塩！　気温は14℃。地上部分から地
下最深部までの深さは約400メートルの大空洞！　内部には卓球
場、ステージ、観覧車などがあり、水が溜まった最深部ではボー
トに乗ることもでき、テーマパークになっています。ボート乗り
場から400メートル上は圧巻！　まるで、そこは宇宙‼
ミネラル豊富な岩塩！　サリーナ・トゥルダで買ってきました！
広がる全てが塩、塩、塩です！　99％自然のミネラルを含む岩塩
で、この空気を吸うことにより身体にとても良いとか！

ランチは岩塩坑の近くのレストランにて。

▽「クルージュ・ナポカ」観光
統一広場近辺はカラフルなバロック様式の建物が立ち並び素晴ら
しい空間になっています。正教聖堂とモニュメンタルなアヴラ
ム・イアンク（Avram Iancu）広場です。ルーマニア国旗は、
風にきれいにたなびいています。

夕食は「MATYAS KIRALY SZALON」。

■7日目 5月11日　民家ポイエンリエ・イゼイ「POIENILE IZE」
　1泊目
マラムレシュ地方「シック村」訪問。

▽マラムレシュ地方の伝統ある「シック村（人口は約1000人）」の

コリネニさん（Kolineni）宅を訪問！　家庭での手作りのスモモの蒸留酒「ツイカ」Tuica（50度！）をいただき、グラースという家庭料理＆クルトゥーシ・カラーチのケーキ等いただきました！　コリネニさん、"おもてなし"ありがとうございました！

▽トンガリ屋根の「シュルデシティ教会」

　外壁が全てモミの木で作られ、木の温かみに満ち満ちた教会です。レースのような軒、魚の鱗のようにカットされた木の屋根瓦、そして天を突く屋根が特徴的です。

▽世界遺産「シュルデシュティ教会」

　山の向うはもう「ウクライナ」!!

　民家ポイエンリエ・イゼイ「Poienile Ize」に到着。

　welcome drink ♪　ディナーはペンションにてウェルカム・パーティー！　ルーマニアの料理で歓待されました！

welcome drink ♪ 民家・ポイエンリエ・イゼイ「Poienile Ize」にて

■8日目 5月12日　ブコヴィナ地方

民家Poienile Ize、ラ レヴェデレ（La Revedere）さようなら！

▽マラムレッシュの世界遺産の木造聖堂群
　世界遺産の木造教会はマラムレッシュ地方に点在し、それぞれ小さな村にあり、教会はどれも超トンガリ屋根で、全て木で造られています。また、教会の敷地内はお墓になっています。リンゴの木や草花が茂っていて土葬のようですが、不気味な感じはしません。
▽世界遺産のイエウッド教会
▽「ポイエンリエ・イゼイ木造教会」
　モミの木で作られ彫刻の施されたマラムレシュの民家の門は荘厳です。馬車や自動車が通過できるよう大きな門構えがあり、その隣に人間用の小さな門が作られています。釘を使わないで作る、昔ながらの建築様式を受け継いでいて「木と共に生きる」文化ですね。

　干し草を積んだ荷馬車、大きな草刈りガマを持ったおじいちゃん、糸を紡ぐ女性、人々がどんな服を着て何をしているか、日常の生活の様子はどうか、どんな花が咲いているか等々、現地で写真を撮るのも旅の愉しみ！

　ランチは「Hotelレストラン」にて。

▽サプンツァの「陽気な墓」
　北部ルーマニア・マラムレシュ地方にある（ウクライナ国境から70キロ）、「シゲット・マルマッツィエイ」のサプンツァ村には、有名な聖地・世界一"陽気な墓"（Cimitirul Vesal）があります。

このお墓は、それぞれ木製の墓標に故人の生前の生活や死因が絵柄で彫られているユニークなお墓です。カラフルに彩られた、シュールな「現実離れした墓標」を見ていると、墓地に対する暗いイメージが吹き飛びますね！　ひと目で故人の人柄がわかる絵が親近感を抱かせます。やはり東欧で明るく楽天的なラテンの血が流れている国民です！

▽現地の方との文化交流

日本から準備していったお土産「日本の文化」！　私はグリーンのネッカチーフをいただきました！

■9日目 5月13日　ホテル「Best Western Bucovina」1泊

▽ピパッシュ博物館を見学

個人の所有物の手芸や絵画が保存されており見事でした。有名なバイオリンの名器・ストラディバリウスも目前で観賞することができました！　ピパッシュ博物館のオーナーからいただいた名刺に「PROF.ILEANA PIPAS ARTISTPLAASTIC」と書かれています。ここで、日本の有名な写真家でルーマニア文化功労賞受賞の「みや　こうせい氏」のお名前をお聴きしました。そして、どこの村を訪ねても「みや　こうせい氏」をご存じでした！

▽世界遺産モルドビツァ修道院

鮮やかなブルーのフレスコ画が壁一面に描かれた「壁画教会」。450年以上一度も塗り直されたことがない壁画で知られています。屋根の曲線と壁面の織り成す造形美や外壁にびっしり描かれたフレスコ画は圧巻です。フレスコ画のフレスコ（fresco）とは「新鮮な」を意味するイタリア語。壁に漆喰を塗り、生乾きの間に水や石灰で溶いた絵の具で描きます。やり直しがきかないため、高度な計画と技術が必要となります。失敗したら、漆喰を剥がして

やり直すしかないらしい。絵の具（顔料）が内部に浸透するため長い期間美しさを保ちます。
▽世界遺産「スチェヴィツァ修道院」
　スチェヴィツァは1582〜84年の間に建造されており、彩画を持った北モルドバの修道院のなかで最も新しいですが、最も優れています。

　ブコビナ地方はルーマニアの北部にあり、風景と一体になった100以上の美しい教会、修道院などが点在します。その中でも最も美しい5つの修道院は世界遺産に登録されています。有名な「望郷のバラード」を作曲したチプリアン・ポルムベスク氏は、この地方の出身です。（第2弾！　モルドバ共和国のギネスブック認定の世界最大の貯蔵庫内レストランにて生演奏♪を聴くことができました！）

■10日目 5月14日
世界遺産見学後、お隣の国「モルドバ共和国」へ！
▽世界遺産「フモール修道院」
▽世界遺産ヴォロネツ修道院

「スチャバ駅」に到着。「スチャバ駅」でお別れ！　延長組は「モルドバ共和国」へ。お気をつけて日本へ帰国されますように！　ご一緒に楽しく自然の美しさに溢れた「ルーマニア」の旅ができました。アンドリューさん、ニクさん、大変お世話になりました！　ありがとう！Multumesc！　さて、私たち延長組の5人は、ここスチャバから、車でお隣の国のモルドバ共和国へ移動いたします！

第2弾！
「モルドバ共和国」&「沿ドニエストル共和国」

2015年5月14日〜5月17日

「第1弾！　欧州の奥の細道ルーマニアの春」の旅に続き、モルドバ共和国の旅。モルドバ共和国は、西方のルーマニアと東方のウクライナの間に挟まれており、1991年より独立した国として存在しています。そしてなんと！　そのモルドバの中に一部とみなされている「沿ドニエストル共和国」という国があるのです！　公用語はロシア語、民族はロシア人移民やその子孫だそうです。モルドバの東部、ドニエストル川東岸、そしてウクライナ国境に接する地域にありますが、現在、国家として承認はされていないようです。私たちは、まったくそのような国があるとは知らず、モルドバ国内にて「パスポートが必要」といわれ初めて知った幻の国家！「沿ドニエストル共和国」！

■5月14日　モルドバ「HOTEL CHISINAU」1泊目
　モルドバ共和国　オルヘイ・ヴェッキ洞窟教会

　午前10：30「スチャバ駅」で皆さんと別れた後、延長組5人は、一路「モルドバ」へ！　車で約6時間、モルドバ入国の際にはパスポートを回収され、一人ずつ入国手続きをしました。

　モルドバの首都キシナウから車で北東へ約60キロ走ると、トレブナ村のラウト川沿いにモルドバの観光地であるオルヘイ・ヴェッキ洞窟教会（Orheiul Vechi）が見えてきます。のどかな田園風景を一望できる断崖絶壁の上にあるこの洞窟教会付近には4万年前の円形劇場、洞窟、古代要塞、岩窟修道院、修道士たちの隠遁場所などがあり、この地の古い歴史に触れることができます。

未承認国家「沿ドニエストル共和国」に潜入！　モルドバの国内でも「パスポートが必要‼

　モルドバからは事実上の独立状態で、モルドバからの独立を宣言しましたが、この国を承認している国は、国連加盟国では1つもありません。沿ドニエストル共和国は、ロシアへの編入を望んでいますが、ロシア人が人口の大半を占めるわけではなく埼玉県ぐらいの広さのこのエリアには、モルドバ人（40％）、ウクライナ人（25％）、ロシア人（23％）の順に人々が住んでいます。

　沿ドニエストル共和国に潜入ですが、パスポートを預けて待つこと1時間⁉　ブラッピーさんが「マネー、マネー」といって車に戻ってきました。で、また待つこと1時間。やっと許可が出て発車オーライ！　キシナウからバスで1時間半ほど行くと、そこはもう沿ドニエストル共和国の首都・ティラスポリです。モルドバの中にロシア系の住人が建国した（国際的には承認されていません）ソビエトの思想などを継承した国があります。

▽首都・ティラスポリは、レーニンの記念碑や戦車などがあり、旧ソ連時代に戻ったかのような雰囲気が味わえます。マーケットにも行きましたが、活気があり人々は明るく働いています。
▽モルドバ共和国最大のワインメーカーであるミレスチ・ミーチ社の地下貯蔵庫は、首都・キシナウの地下30 〜 80メートルにあり、全長約200キロにもおよびます。湿度は96％ほど、洞内の温度は約12℃、この環境は人的要素ではなく自然に保たれています。「150万本のビンテージワインの本数」と「倉庫の総距離」が、ギネスブックに登録されました。

ランド・アートの赤ワインの前で！

■5月16日 「2015年 Excursii Cazare Turism」

　ラッキーなことに、滞在中にモルドバの首都・キシナウの北約160キロ、ドニエストル川のほとりにあるソロカ「Sroca」という街で、「2015年 Excursii Cazare Turism」が開催されていました。

▽「Sroca」に向けて快適ドライブ！
　素晴らしい「城砦」は1499年にモルダヴィア公国のステファン3世（ステファン・チェル・マレ）の名により当時は木造で造られ、その後16世紀半ばに石造りに建て替えられたそうです。15世紀にトルコから守るため建てた要塞は円形で内部を改造してオープニング・フェスティバルが行われており、当日は大統領はじめ政府関係のVIPwsも出席されて盛大な式典があり城壁の周りは各国の露店が出て賑やかでした。

　ランチはレストラン「BECIUL VECHI」にて。

▽ソロカ町の「Gypsy（Roma）hill」にて、宴会中のジプシー・パレスに潜入！　最近、日本においては、「ジプシー」ではなく

円形城砦

「ロマ」と言い換えられるとか！　かつて、ブダペストとパリの
2回にわたってジプシーのスリに遭った経験を持つ私にとっては、
明るく陽気な宴会中の人々には、顔で笑っていても自然とバッグ
を持つ手には力が入っていました！
▽ソロカのジプシーの墓
　多くのジプシーが出稼ぎに出て、ピカピカ御殿を建てた後は50
歳未満の短命で他界してしまうのですね。

　夕方一旦ホテルに戻り「キシナウ国際空港」へ。帰国前に「Hotel
Chisinau」のマネージャーから全員にお土産として美味しいルーマ
ニア製のチョコレートをいただき、日本人観光客は初めてとかで歓
待されました！　さすが「おもてなしの国」といわれるモルドバ！
素晴らしい「心遣い」をされました。ありがとうございます！

　キシナウからイスタンブールまでの飛行時間は1時間25分。無事
夜の11:25 Istanbul着‼　まずは飛んで「イスタンブール」へ！
トルコのイスタンブール「アタテュルク国際空港」で東京へ帰国組
と別れて、関西から一人参加の私は少し早く出発する「関空」直行

便で無事帰国いたしました。

旅行を終えて

　初めての「ルーマニア」「モルドバ共和国」。そして今回の旅のハイライト「沿ドニエストル共和国」の旅！　渡辺節子さんの素晴らしい「企画と行程」のお陰で大変満足のいく旅に参加させていただきまして、ありがとうございました。一度は参加してみたかった「日本旅行作家協会」からのご案内の海外旅行！　皆様ありがとうございました！　また、世界のどこかでお会いできますこと楽しみにしています。

イギリス・女ひとり旅 Single trip / British
湖水地方国立公園・コッツウォルズ・憧れのマナーハウス ＆
「エリザベス女王90歳誕生記念行事」英国ロイヤル・ファミリーの
バッキンガム宮殿のバルコニー参賀！」

2016年5月31日〜6月14日

　偶然、想定外のロンドン行き！「朝子さん、ロンドンに赴任しました！　また遊びに来てください！」と、KUMON EUROPE ＆ AFRICA社長・中塚正さんからのMailがご縁で、マニラに続いての「ロンドン行き」が実現しました。
「中塚正さん＆仁美子さんご夫妻」との再会、友人に紹介していただいたロンドン在住の「沖田利通さんと奥様のFayさんご夫妻」＆「田中清彦さん＆宮下浩さん」を紹介していただき会食をご一緒させていただき、おかげさまでイギリス旅行にたくさんの嬉しい愉しい"華"を添えていただきました。
　そしてまったくの偶然でしたが、ロンドン滞在中にタイミング良く！「エリザベス女王の90歳誕生記念行事」に遭遇。英国ロイヤル・ファミリーのバッキンガム宮殿のバルコニー参賀、エアーフォースのデモンストレーション（2014年7月現地での「100周年パリ祭」祝賀パレードを想い出しました！）と、ロンドンでの祝賀パレードの数々は思いがけない経験でした！　今回の「旅のトピックス」でもあります！

■5月31日　大阪・関西空港からエミレーツ航空317便にて空路、ドバイ空港へ。ドバイ空港到着後、エミレーツ航空001便に乗り継ぎ、空路ロンドン・ヒースロー空港へ。空港到着後、タクシーで宿泊先へ。

　終日、自由行動。ロンドン市内散策。

■6月1日
　2週間の滞在は、エネルギッシュなロンドンを堪能したいためトラファルガースクウェア徒歩圏内のロケーションの便利な立地！

歴史ある「The Strand Palace Hotel」に決めました。ロンドン・ヒースロー空港（LHR）からタクシーで約30分、ヨーロピアンスタイルの魅力的な外観です。劇場街でもあり、マーケットの立ち並ぶ「コベントガーデン」は、ホテルの裏手です。

　PM7：00中塚正さん、仁美子さんとの再会ディナーは、宿泊ホテル目前の歴史的有名な「サボイ・ホテル」にて！

■6月2日　自由時間の今日は散策

　今日は「湖水地方とコッツウォルズ各1泊のバウチャー及びユーストン駅発（ヴァージントレイン利用）のチケット」受け取りのその帰り、タクシーを途中下車して「バッキンガム宮殿周辺を散策！エリザベス女王90歳を祝う「ザ・マル」（バッキンガム宮殿正面から延びるメインストリート）には、騎馬隊の行進を待っている人、人、人！

　その後、「ロンドン・テムズ川」リバーサイド＆コベント・ガー

エリザベス女王90歳を祝う「ザ・マル」
（バッキンガム宮殿正面から延びるメインストリート）

エリザベス女王90歳の祝典　ロイヤル・ファミリーがバルコニーに登場！

デンを散策です。テムズ川の北岸に面した古い城砦、世界文化遺産の「ロンドン塔」大観覧車、「ロンドン・アイ」モダンで斬新なデザインの「ミレニアムブリッジ」。

■6月3日　世界遺産ストーンヘンジ観光

「中世の七不思議」に挙げられるイギリス南部のウィルトシャー（Wiltshire）州にあるストーンヘンジ！　集合場所は「ストーンヘンジ　ゴールデンツアーズ・メインオフィス」。日本人ツアーに申し込みましたが、集まってみると22名全員が外国人でアメリカ、カナダ等からの参加者でした！　5000年の歴史を経たストーンヘンジの圧倒的な佇まい。ストーンヘンジの周辺は広大な牧草地です。

■6月4日

　まずは約30年前に家族で訪れて以来の「ロンドン市内観光」です。新スポットの登場でスタイリッシュに洗練された雰囲気のリバーサイド！　斬新な新建築もあり景観を損なわないようにと昔のままの建造物も！

　観光から戻ると、宿泊ホテルの前での「デモ行進」に遭遇！　ナ

ショナル・ヘルス・サービスのデモ！　難民対策に多額の税金が投じられることへの不満とか?!

■6月5日　沖田氏ご夫妻宅訪問

　シドニーの友人から紹介していただいていた沖田さんがホテルまで迎えに来てくださって、ご自宅でワイン♪と、お手製のランチをご馳走になりました！

　ロンドン名物のダブル・デッカー（二階建てバス）に初めて乗り、案内していただいたアパートメントは、ロケーションの良い立地のとても素敵な空間の場所でした。また、お部屋もセンスの良さが表れたスタイリッシュな家具でまとめられていました。

■6月6日　Windermere Hydro Hotel（ウィンダミア ハイドロ ホテル）。イギリス最大の国立公園・湖水地方1泊。100年前のイギリスの大自然がそのまま残る湖水地方。

　ロンドン、ユーストン駅発（ヴァージントレイン利用）オクセンホルム駅到着。所要時間は約3時間38分の列車のひとり旅。「ひとり旅の醍醐味♪」、かつては飛行機の隣の席のクライストチャーチご出身のご夫婦と話が弾み、「ニュージーランド南北一周の旅」の時には、ホテルまで迎えに来ていただき30分ほどドライブ後、ご自宅にて家族全員で歓待していただいたこともありました。
　長時間の列車の旅も時代が大きく変わり、みんなどこでも何時でもスマホにPC & iPhoneで「私だけの世界〜邪魔なさらないで〜」。車窓も眺めず！　会話も楽しまず！　ひとり遊びに熱中！
　オクセンホルム駅には、パークツアーズのガイド・曽根真由美さ

んとドライバー・Stuart さんが迎えてくれました！　ツアーのバス
ゲストはわたくし「お一人様」！「Windermere Hydro Hotel」は
湖水地方のウィンダミア湖ボウネスの高台にあるホテル。部屋から
は美しいウィンダミア湖が見え、遊覧船乗り場のボウネス桟橋まで
歩いて10分ぐらいで行くことができます。

★湖水地方南部・観光
▽ビアトリクス・ポターのヒルトップコテージ
▽ホークスヘッド
▽ワーズワースの学校　見学
▽ターン・ハウズ

★湖水地方北部・観光
▽ワーズワースのダヴコテージ
▽ダーウェント・ウォーター湖（映画「ミス・ポター」の撮影地）
▽キャッスル・リグのストーンサークル（湖水地方のストーンヘン
　ジ）
▽ホニスター峠（鉱山の景色）
▽バタミア湖
▽ピーターラビットの故郷！「ヒル・トップ」
　絵本作家ビアトリクス・ポターさんの旧居
　ニア・ソーリーの村の「Hill Top コテッジ」

■6月7日　湖水地方北部・午前半日観光
　坂を下るとそこは、美しき「ウインダミア湖」。リゾート地・ボン
ネスの桟橋、「ウィリアム・ワーズワース（Sir William Wordsworth）
が暮らしたグラスミアの村、ワーズワースが晩年を過ごした邸宅

「キャッスル・リグのストーンサークル」で記念写真

「Dove Cottage」、「キャッスル・リグ」のストーンサークル（湖水
地方のストーンヘッジ）を見学。湖水地方北部のケズイック郊外に
ある「キャッスル・リグ」のストーンサークルは、紀元前3200年
に作られ、48個の石があり、大きいもので石の高さは2メートル
も！　現在はナショナルトラストが管理しているこのストーンサー
クルは、触ってもいいし、座ってもいいとのこと！　開放感のある、
360度山に囲まれたパノラマの景色は感動です！

■6月8日　KINKY BOOTS「キンキー・ブーツ」鑑賞

　ホテルのすぐ先の散歩途中にある劇場「ADELPHI THEATRE」
で、今、話題のミュージカルKINKY BOOTS「キンキー・ブーツ」
をシニア割引〈69ユーロ（約8000円）のところ、29ユーロ（3400
円）〉で鑑賞できました〜♪

■6月9日　コッツウォルズとマナーハウス1泊ツアー

　イングランドで最も美しいと言われるコッツウォルズの可愛い美
しい村を巡るツアーに参加しました。ただし、マナーハウス1泊は、

またひとり。

　ここで採れる石灰岩ライムストーンで造られたハチミツ色の建物が、なんとも穏やかな独特の風情を醸し出しています。バーフォードの村、雑貨やアンティーク、お土産ショッピング等のお店がずらりと並んでいます。バイブリーを代表する景観の有名な「アーリントン・ロウ」。14世紀に建てられた石造りのコテージが並んでいます。バイブリー村の中心をコルン川が流れ、水鳥の保護地域になっています。コルン川沿いに咲く美しい花バイブリーの美しいバラとライムストーンの家。ウインドラッシュ川のほとりの街でコッツウォルズのベネチアという異名を持つ「ボートン・オン・ザ・ウォーター」で、その美しい街並みとゆっくり流れる時間を楽しめます。ツアーで一緒だった、大学教授の林譲さんご夫妻との愉しい会話のランチ・タイムのひと時でした！

　私の選んだ1泊「マナーハウス」は、「Lower Slaughter」ローワー・スロータ。1600年にオープンしたこのホテルは、2007年に全面的に改装されたそうです。高級アンティークが備わるシックなお部屋。もとは貴族の館だった宿とか！　窓からは、のどかな風景が。エレガントで豪華なサロン♪

　エレガントでモダンなホテルの「Sixteen58レストラン」。ディナーは、モダン・ブリティシュ料理。優雅なひと時を過ごしました。

■6月10日

　ダイニングでの朝食後はローワー・スローター村の散策です。絵本に出てくるような家並み。蜂蜜色の石造りの家並み。ゆったりと流れるアイ川沿いの景色を楽しみます。アイ川沿いを馬の散歩！風景は絶景!!　時の流れが止まったような風景に感動しました〜。

■6月11日 「エリザベス女王90歳誕生記念行事」

英国ロイヤル・ファミリーのバッキンガム宮殿のバルコニー参賀！

　朝食後、ホテルのコンシェルジュに「今日はエリザベス女王90歳の誕生日で、何かイベントはありますか？」と聞くと、「午後1時からバッキンガム宮殿のバルコニーから手を振られます」とのこと！　ラッキー♪

　アドミラルティ・アーチ（ザ・マルの東側にある巨大な門）を馬車が通ります！　我がチャッツウッドのご近所！　PaulさんとNaokoさんに遭遇！　人、人、人！　の中、潰されないように進みました！　バッキンガム・バルコニー拝観に向かって歩きます！「Trooping the Colour」トゥルーピング・ザ・カラーと呼ばれる軍隊パレードがあり、カラフルな装いの音楽隊や、200頭近くの馬に乗った衛兵などの「軍隊パレードの式典」です。女王はバッキンガム宮殿周辺を馬車で回った後、午後1時にはバルコニーで英空軍による祝賀飛行（フライパスト）をご覧になられました！

　午後7時からは、沖田さんからご紹介の「田中清彦さん＆宮下浩さん」との会食！　お二人とも長年にわたりロンドンに在住されており、国際人として現在も世界を股に掛けてご活躍中です。

　初めまして！　宮下さん、田中さん。まずはビールで乾杯！

　ロンドン事情、シドニー事情と話が弾み、また、宮下さんとは共通の"シドニーの友人"がいらしてビックリ！　世間は狭い！　初対面でしたが昔からの知人のように打ち解けた雰囲気で話が弾み、おかげさまで"愉しいひと時"を過ごさせていただきました！　ありがとうございました！

　会食は宿泊の「ストランド・ホテル」の向かい、ストランド通りの「Simpson's in The Strand」に案内していただきました！　創

業1828年、ローストビーフの店として有名なレストランです！
ディナーの後は、ストランド・ホテル1にて「Tea time」！

　翌日の「The TIMES」より、ロイヤル・ファミリー、エリザベス女王90歳の誕生日祝賀パレードの様子が掲載！

■6月12日　ザ・マルで「ストリート・パーティー」

　この日は、バッキンガム宮殿前の大通りザ・マルに1万人が招待され、大規模なストリート・パーティーが開催されました。参加者たちにはピクニック・グッズが提供され、なんと女王やフィリップ殿下と昼食を共にします。このうち、2000人分のチケットを一般参加者向けに販売されたそうです（1枚£150）。

　夕方、日本から戻られた中塚さんと再々会！　滞在ホテルの隣のイタリアン・レストラン「Salieri」にて。ロンドンでのますますのご活躍をお祈りします!!
　このたびの「イギリス旅行」も、ラッキー♪　が続き、おかげさまで有意義な15日間でした！　お世話になった皆様、本当にありがとうございました。

■6月14日

　ロンドン発ドバイ経由で無事関空に着きました。その後引き続き日本に滞在し、家族旅行の軽井沢、友人宅の群馬県、孫家族が暮らす東京滞在も堪能し、7月27日に約2か月半ぶりに「真冬のシドニー」へ戻ってきました。そして――
　旅行中には思いもよらない帰豪後9月の「乳がん手術」！　おかげさまで順調に回復し、また次回の旅を想い巡らしております。

毎年通う「ヌーサ レイクス リゾート」!!
「NOOSA LAKES RESORT」

ヌーサ レイクス リゾート

オーストラリアで人気のある素敵なリゾート地「ヌーサ」をご紹介いたしましょう！ シドニーから飛行機で「サンシャイン・コースト」空港へ！ 8年前に初めて「ヌーサ」を訪れ、運河とビーチの両方を持つ高級リゾート地、サンシャイン・コーストの「隠れ家」といわれるその自然豊かな美しい「ヌーサ」に心が奪われました！

▽2016年12月20日〜2017年1月10日
　2016年9月に乳がん手術を終え、その年の12月にはおかげさまで友人たちも大阪やシドニーから駆けつけてくれて楽しい「ヌーサ滞在」でした!!

　年が明けて2017年1月6日！ Birthday！　私の誕生日に合わせて東京からヌーサに駆けつけてくれたお友だち、ありがとう！　ワインで乾杯！

▽2017年12月17日から3日間滞在したハービーベイ！　車で3時間移動して昨年も3週間過ごしたお気に入りの「Noosa Lakes」

ヌーサ・レイクス
へ！ 日本から孫
ファミリーもヌーサ
に集合！ 総勢6名
で2018年の新年を
迎えました‼

ヌーサハイライトは
お気に入りの「ヌー
サ・マリーナ！」滞在
の「NOOSA LAKES
RESORT」から歩い
て3分！のティワン
ティンの「ヌーサマ

オーストラリア動物園

リーナ」！ このヌーサ川でフェリーに乗り、シェラトンリゾート
の桟橋で降りれば、優雅なブティックやホテル、レストラン＆ス
タイリッシュなお店が並ぶ「ヘイスティングス通り」に出られます。
今回は孫のリクエストに応えて南半球最大のオーストラリア動物園
へ‼ クロスエクスプレスコーチに乗ってオーストラリア動物園へ
の日帰り。

ヌーサビーチ

華やかなメインビーチです。泳いだ後は海岸を散歩し、ボード
ウォークを通ってヌーサ国立公園まで歩きます！ この国立公園に
は、素晴らしい遊歩道が設けられており、美しい海の景色を楽しめ
るほか、北側にはサーファーに人気の湾がいくつもあります。5月
から11月には、ラグーナベイ沖にイルカやクジラが姿を見せるこ

ヌーサ メインビーチ

ともあります。木につかまって眠るコアラの姿も‼　「ヒンターランド」と総称される、壮大な山々に彩られているサンシャイン・コーストの内陸部も見逃せない！

山間の町モンティビル（Montville）

　アートギャラリーや手作りクラフト雑貨、贈り物やアンティークショップ、オリジナルチョコレートの販売など、都市部では見つからないアイテムが勢揃い‼

　2018年も25日間のクイーンズランドのトロピカルリゾートを満喫しました‼

キューバの魅惑の地を巡る旅!

2019年1月23日〜2月1日

　カリブの真珠と言われるキューバ!!　思いがけず「日本旅行作家協会」からの情報で、ジャーナリストでキューバの達人!!　池上和徳氏の案内で素晴らしい仲間! との大変有意義な楽しいプライベートのキューバ旅行が実現しました!

　かつて「ドミニカ共和国」で5年間駐在だった夫を娘たちと長期にわたって訪ねたカリブ海!!　キューバといえばまず思い浮かぶのがカリブ海、キューバ革命、カストロとチェ・ゲバラ、クラシックカー、ラテン音楽サルサのリズム♪　葉巻&ヘミングウェイ等。

日程は2019年1月23日から2月1日までの10日間

　ハバナ→モロ要塞→シェンフェゴス→トリニダ→サンタクララ→レメディオス→ミステリアスな魅力を秘めたカヨ・サンタマリア!!

■1月23日

　羽田空港発、エアカナダ便で途中カナダ・トロントを経由してハバナへ!!

■1月24日　早速クラシックカーにて市内観光!!

　ハバナ旧市街、カピトリオ（旧国会議事堂）、モロ要塞、カバーニャ要塞、ゲバラ文化センター、革命広場、ホテルナショナル。

　夜はハバナで世界的に有名なキャバレーであるトロピカーナ（Tropicana）へ。かつてはフランク・シナトラも通ったという、その煌びやかさは、ダンサーやシンガーが国家公務員になった今も、増し続けています♪　キューバ革命の20年前の1939年から営業している老舗の店だそうです。ショーの開始時刻は夜の10時から1時間半♪　キューバの3大カクテル!!　モヒート!　ダイキリ!　ラ

カラフルなクラシックカー

　ム酒をコーラで割ってキューバ・リブレ！を飲みながら、見応えあるダンサーの踊りと声量のあるパワフルな歌声♪の圧巻のショーを堪能！　5年前にフランスで鑑賞した「リド」を思い出しました♪

■1月25日
　シエンフエゴス。フランス人が開発したカリブ海に面した、世界文化遺産の街‼　フランスのエッセンスが漂う古く美しい街！　トリニダ。世界文化遺産の古い街並み、スペイン統治下時代へタイムスリップ‼
　トリニダ泊コスタスル。

■1月26日、27日
　サンタクララ。革命に生きたチェ・ゲバラの足跡。
　カヨ・サンタマリア。約1時間、海の中の道路を渡りサンタマリア島へ‼　エメラルドグリーンの素晴らしい海の色！

カヨ・サンタマリアのビーチ

　オールインクルーシブ型のホテルなので、24時間、飲み放題、食べ放題です。

■1月28日
　レメディオス。古い町並みが魅力の旧市街を見学。

■1月29日
　池上さんの友人トニーさん宅に集合‼　私たちはダイアナご夫妻宅の民宿に2泊します。
　『老人と海』の舞台になった漁村「コヒマル」を訪問‼　ヘミングウェイが20年間過ごしたフィンカビヒア（現ヘミングウェイ博物館）訪問‼

■1月30日
　3カップルの皆さんは世界遺産のビニャーレス渓谷へ‼　カルスト台地の景観が楽しめる名所で、タバコの産地としても知られてい

ます。

　夜は池上さんのご厚意で、日本の「寄せ鍋パーティー」！　日本から準備されたお酒に調味料‼　現地での材料買出し等！　私たち旅行参加者は、池上さんの粋な計らいと心遣いに感動。感謝‼　日本語を話せる友人たちも誘ってくださって帰国前夜は楽しい記念の素晴らしい宴会になりました！　日本語は、おじいさんが日本の映画を観ていたのと、アニメで学習したそうです。

■1月31日
　早朝、タクシーにてハバナ空港へ‼

　社会主義国のキューバの暮らし。
▽お金と配給（ふたつの通貨）
▽住宅事情（家賃は無料）
▽スポーツ（国民的スポーツの野球‼）
▽食事（大切な日の豚肉）
▽学校（学費は大学まで無料）
▽医療（無料）
▽宗教（自由）
　それぞれが大変興味深いお国でした。

　雪景色のカナダ・トロント経由で無事、羽田着‼　皆さま！　お疲れ様でした～‼

マグネティック島

マグネティック ハーバー

　冬のシドニーから脱出して長女と暖かいQueenslandのタウンズビル（Townsville）へエスケープ!!

　フェリーで20分のところにあるマグネティック島（Magnetic Island）!!で娘と4泊5日のプチ旅！　気温もシドニーより5℃〜10℃は高く、人のいない静かなビーチ、手付かずのままの自然を満喫！

　この島は、世界遺産に登録されたグレート・バリア・リーフ海洋公園（Great Barrier Reef Marine Park）の中にあり、約2億7500万年前、自然の力によって巨岩の数々がそびえ立つ岩の多い地形が形成されています！

　マグネティック島のメインエリアのホースシュー・ベイ。岩の間から次から次へと顔を出して食べにくるロックワラビー。姿が可愛いです。島の半分以上が国立公園で、自然豊かな島でオーストラリア固有の動物にも会えます!!

フレイザー島

　フレイザー島（Fraser Island）はオーストラリア・クイーンズランド州にある島で、世界でもっとも大きな砂島。1992年、ユネスコの世界遺産（自然遺産）に登録されており、地球上で唯一砂の上に森林が広がっている不思議な島です。

　目前のハービーベイには5000頭以上の鯨が回遊します。南極に帰る赤ちゃんクジラを育てるため、この湾で保養するそうです。フレイザー島は、つる性植物が巻きついた樹木の森で有名です。

　ホテルは、エコリゾートの「Kingfisher Bay Resort」。ホテル内にお店を出している写真家ピーターさん‼　2010年5月18日、渋谷モンベル以来10年ぶりの再会でした！

　オーストラリア大陸の野犬の一種ディンゴ（Dingo）に遭遇したり、快適な4WDのバスで75マイルビーチを走る快感‼　と上空から見たフレイザーアイランド‼　南北およそ123キロの海岸を4WDだけでなくセスナ機でも大自然を楽しめ感動‼東京から来豪の友人との快適プチ旅！

マッケンジー湖

ゴールドコースト

2022年6月3日〜6月5日

スカイポイント展望台

　寒いシドニーを脱出し2泊3日で暖かいゴールドコーストに飛びました‼　フレイザー島以来2年半振りのフライト。空港も様変わり！　20年振りのゴールドコーストももちろん様変わり‼　ゴールドコーストは長い砂浜、サーフスポット、内陸運河や精巧な水路システムで有名ですね。

　また、ドリームワールド、シーワールド、ウェットアンドワイルドなどのテーマパークもあります。

　ホテルは、「マントラホテル」。チャッツウッドの我が家の階下のホテルと同じです！

コロナ禍での日帰りプチ観光シリーズ!!

- 2021年4月10日
  ネルソン・ベイ（Nelson Bay）
- 2021年5月8日
  紅葉を探索
  Wisemans Ferry界隈
- 2021年5月17日
  ブルーマウンテン（Blue Mountains）
  ハイドロ・マジェスティック・ホテル
- 2021年10月31日
  ラペルーズ＆ベア島（La Perouse&Bare Island）
- 2021年12月12日
  パラマタ（Parramatta）
- 2022年1月2日
  ウーロンゴ（Wollongong）
- 2022年1月23日
  ブルーマウンテンの「Fairmont Resort」
- 2022年2月13日
  ハンターバレー（Hunter Valley）
- 2022年4月3日
  ニューキャスル（Newcastle）
- 2022年6月13日
  ハンターバレー（Hunter Valley）
  「PETERSON HOUSE」
- 2022年7月9日
  ハンターバレー（Hunter Valley）
  下記3か所のワイナリーを訪ねる。
  ・4PINES BREWING

・Baringbah Wines
　　・Keith Tulloch Wine
■2022年7月30日
　　・乗馬のGlenworth Valley
　　・Wollombiの小さな町
　　・峠の茶屋!!
■2022年9月10日
　　ブルーマウンテン（Blue Mountains）
　　「リンカーンズロック」
■2022年10月22日
　　マンリー（Manly）
■2022年11月26日
　　カンガルー・バレー（Kangoroo Valley）

私の渡航歴（青字はシドニー移住後の国内旅行）

1975 〜 1979年　マニラ（駐在員の夫に同行してマニラ滞在）

1981年　インド・カルカッタ（単身赴任の夫を訪ねて）／マニラ

1983年　シドニー／シンガポール

1985年　ドミニカ（単身赴任の夫を娘たちと訪ねて）／カナダ／
　　　　ニューヨーク／香港／マカオ／中国

1986年　ドミニカ（単身赴任の夫を娘たちと訪ねて）／サンフラン
　　　　シスコ／ラスベガス／マニラ／香港

1987年　ロンドン／パリ／スイス／スペイン／イタリア／シンガ
　　　　ポール／バンコク

1988年　アトランタ／パリ／スイス／イタリア／ドイツ／リオデ
　　　　ジャネイロ／ニューヨーク

1989年　バンフ／トロント／ハワイ／サンフランシスコ／ロサンゼ
　　　　ルス

1990年　サンフランシスコ／エジプト／パリ／ニース／モンテカル
　　　　ロ／ミラノ／サンマリノ／ベニス／フォドーツ／チュー
　　　　リッヒ／ルクセンブルク／ブルージュ／ブリュッセル／ロ
　　　　ンドン／パリ

1991年　ニューオーリンズ／デンマーク／ノルウェー／フィンラン
　　　　ド／グアム／タヒチ

1992年　シカゴ／シドニー／ゴールドコースト

1993年　ボストン／キーウェスト／クアラルンプール

1994年　ダラス／メキシコ／ギリシャ／トルコ／エーゲ海／ポルト
　　　　ガル

1995年　アラスカ／トロント／ニューヨーク／バンクーバー／カル
　　　　ガリー／レイク・ルイーズ／中国／プーケット

1996年　アナハイム／ペルー／シドニー／メルボルン／韓国

1997年	アトランタ／カンクーン／ケープタウン／ヨハネスブルク／香港
1998年	シカゴ／ベルリン／ブダペスト／プラハ／ウィーン／モロッコ
1999年	シドニー／パース／マニラ／台湾
2000年	シドニー／ニュージーランド
2001年	エアーズ・ロック／カプリコン／ハミルトン島／ヘイマン島
2002年	ニューカレドニア／フィジー／バヌアツ
2003年	ニューカレドニア／タスマニア
2004年	ノーザンテリトリー
2005年	アルゼンチン／南極大陸
2006年	Lord Howe Island ／スイス／イタリア／ヌクンバティ
2007年	ペナン／クアラルンプール／チェンマイ／シアトル／バンクーバー／ポートダグラス／ウィルソン島（無人島）＆ヘロン島
2008年	パプアニューギニア
2009年	カンガルー島
2010年	西オーストラリア南
2011年	オーストラリアの永住権取得
2011年	ドバイ
2012年	チリ／サンパウロ
2013年	マニラ／フィッツロイ島
2014年	ルーアン／パリ
2015年	ハワイ4島／ルーマニア／モルドバ／沿ドニエストル共和国
2016年	イギリス／ヌーサ（リゾート滞在）

2017年　ヌーサ（リゾート滞在）
2018年　ヌーサ（リゾート滞在）
2019年　キューバ／マグネティック島
2020年　フレイザー島

著者プロフィール

永田 朝子 （ながた あさこ）

1945 年　兵庫県に生まれる。
1975 年　夫の赴任地マニラにて家族と共に暮らす。
1980 年　帰国後、第一生命保険㈱に 20 年間勤務。
2000 年　退職し、オーストラリアに単身移住。
1975 年より、世界 60 か国の渡航歴あり。
HP「朝子 in Sydney」、日帰りプチ観光のインスタグラム＆世界旅行を
YouTube でシドニーから発信中。
日本ペンクラブ会員
日本旅行作家協会会員
大阪日豪協会会員
【著書】
『あこがれ発シドニー行き 55 歳からの海外女ひとり暮らし』
(2002 年、文芸社)
『朝子 in Sydney 南極大陸で迎えた還暦』（2005 年、文芸社）

※本書は、HP「朝子 in Sydney」に加筆・修正してまとめたものです。
　本文中の年月日は、取材当時のものをそのまま掲載しています。

※登場する人物の掲載につきまして、連絡が取れない方もいらっしゃいま
　した。お心当たりの方は小社編集部までご連絡いただければ幸いです。

シドニー発、"ハッピーリタイア" 女ひとり旅
—出会いが紡ぐ私の人生—

2023年10月15日　初版第 1 刷発行

著　者　　永田 朝子
発行者　　瓜谷 綱延
発行所　　株式会社文芸社
　　　　　〒160-0022　東京都新宿区新宿1−10−1
　　　　　　　　　　電話 03-5369-3060 （代表）
　　　　　　　　　　03-5369-2299 （販売）

印刷所　　図書印刷株式会社